Abair Liom F

Abair Liom F Réamhrá

In *Abair Liom* tugtar le chéile ábhar clóite agus digiteach do mhúinteoirí Gaeilge an lae inniu. Tá taithí fhairsing ar mhúineadh na Gaeilge ag an bhfoireann oidí a cheap an clár seo.

Is clár cuimsitheach é *Abair Liom* ina gclúdaítear **gach gné de churaclam na Gaeilge**. Cuirtear ábhar an churaclaim i láthair na ndaltaí ar bhealach nua-aimseartha, taitneamhach. Tá gníomhaíochtaí faoi leith ann don éisteacht, don labhairt, don léitheoireacht agus don scríbhneoireacht, mar aon le gnéithe den ghramadach. Gheofar go leor deiseanna chun idirdhealú a dhéanamh sa seomra ranga agus chun modhanna múinte éagsúla a úsáid.

Éist

Labhair

Léigh

Scríobh

Foghlaim

Cluiche

Foghar

Dúshlán

Clár

Mé féin
01 Mo chairde 06
02 An fiaclóir 14

Bia
03 Ag an ollmhargadh 22
04 Bia blasta 30

Sa bhaile
05 Cuairt ar Mhamó agus ar Dhaideo 38
06 Luch sa teach 46

Súil siar A 54

An scoil
07 An lá scoile 56
08 An dráma scoile 64

Siopadóireacht
09 An baile mór 72
10 An gadaí 80

Súil siar B 88

Éadaí
11 An chulaith nua 90
12 Eachtra sa sneachta 98

An teilifís
13 An cluiche ríomhaire nua 106
14 Cluichí ríomhaire leis na blianta 114

An aimsir
15 Na séasúir 122
16 An aimsir ar fud an domhain 130

Súil siar C 138

Caitheamh aimsire
17 An turas scoile 140
18 *Cú Chulainn* 148

Ócáidí speisialta
19 Ag an aerfort 156
20 Ar saoire sa Fhrainc 164

Súil siar D 172

Mar chabhair duit 174

Muintir Uí Shé

Tafaí Seán Síofra Oisín Mamaí Daidí Lóla

Uncail Tomás Aintín Síle Aintín Máire Uncail Micheál Mamó Daideo

Na cairde

Tomás Daithí Michal Amit Liam

Orlaith Niamh Magda Sinéad Aoife

01 Mo chairde

Eiseamláirí

Inis dom faoi ___. Déan cur síos ar ___.	Seo iad na cairde is fearr agam, ___.
Tá ___ ___ mbliana d'aois. Tá ___ níos óige / níos sine ná mé.	Tá gruaig ___ ar ___. Tá súile ___ ag ___.

ag imirt leadóige
ag imirt peile
súile glasa
ag siúl
súile gorma
gruaig ghearr
ard
súile donna
beag
ag caint

Mo chairde

A. Léigh an scéal. Freagair na ceisteanna.

Dé Sathairn a bhí ann. Bhí Seán, Liam agus Magda ag spraoi sa pháirc. Bhuail siad le cúpla páiste ó Rang a Cúig. D'imir siad cluiche peile le chéile. Scóráil na páistí eile cúl ar dtús ach scóráil Magda cúl ansin.

Ansin, bhí an liathróid ag buachaill ard. Lean Seán an buachaill. Fuair sé an liathróid ar ais. Chiceáil Seán an liathróid go láidir. Chuaigh sí suas san aer. Léim Liam suas go hard. Scóráil sé cúl lena cheann.

Leis sin, bhí an cluiche thart. Bhuaigh Seán, Liam agus Magda. Bhí áthas an domhain orthu.

1. Cén lá a bhí ann?
   Dé _____

2. Cé a bhí sa pháirc?
   Bhí _____

3. Cén spórt a d'imir siad?
   D'imir _____

4. Cé a scóráil cúl ar dtús?
   Scóráil _____

5. Cé a scóráil cúl lena cheann?
   Scóráil _____

6. Cén fáth a raibh áthas an domhain ar Sheán, ar Liam agus ar Magda?
   Bhí _____
   mar _____

Inis scéal faoi uair amháin nuair a bhí áthas an domhain ortsa.

Mé féin

B. Comhrá.

Agallóir: Inis dom faoi do chairde.
Seán: Seo iad na cairde is fearr agam, Liam agus Daithí.
Agallóir: Cén aois iad?
Seán: Tá Liam naoi mbliana d'aois agus tá Daithí deich mbliana d'aois. Tá Liam níos óige ná mé ach tá Daithí níos sine.
Agallóir: Déan cur síos orthu.
Seán: Tá gruaig ghearr dhíreach ar Liam agus tá súile gorma aige.
Seán: Tá gruaig dhonn chatach ar Dhaithí agus tá súile donna aige.
Agallóir: Cad is maith libh a dhéanamh le chéile?
Seán: Is breá linn peil a imirt le chéile.

C. Mo chairde.

9 naoi mbliana d'aois   **10** deich mbliana d'aois   ⬇ níos óige   ⬆ níos sine

gruaig: fhionn, dhonn, rua, ghearr, fhada, dhíreach, chatach
súile: gorma, donna, glasa

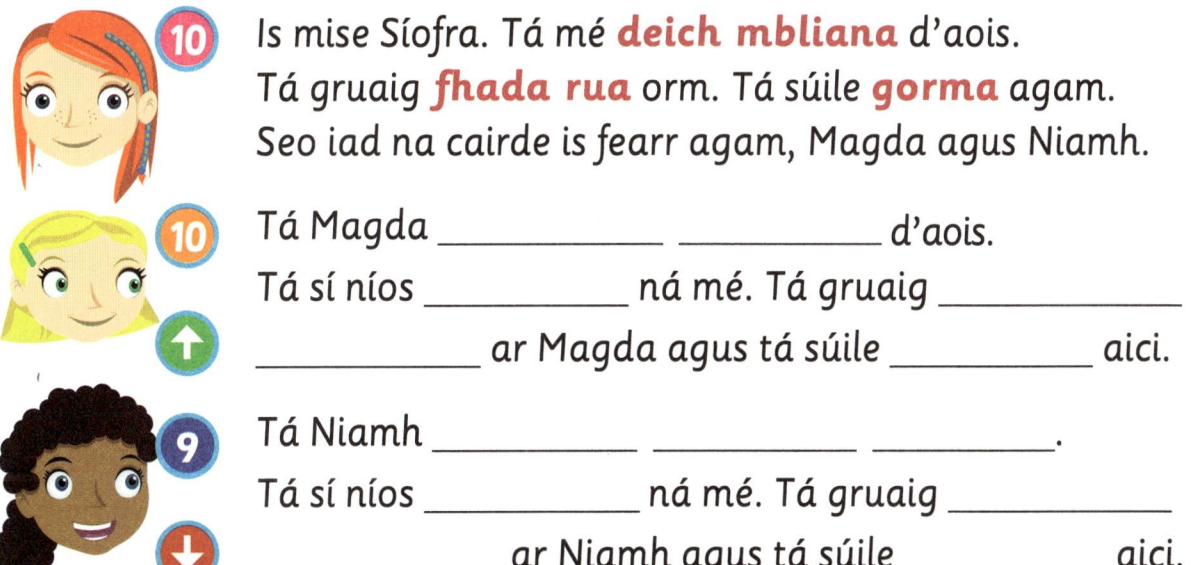

Is mise Síofra. Tá mé **deich mbliana** d'aois. Tá gruaig **fhada rua** orm. Tá súile **gorma** agam. Seo iad na cairde is fearr agam, Magda agus Niamh.

Tá Magda _____ _____ d'aois.
Tá sí níos _____ ná mé. Tá gruaig _____ _____ ar Magda agus tá súile _____ aici.

Tá Niamh _____ _____ _____.
Tá sí níos _____ ná mé. Tá gruaig _____ _____ ar Niamh agus tá súile _____ aici.

Mo chairde

D. Scríobh an abairt mar is ceart.

1. (deich   Seán   Tá   mbliana   d'aois)
   _____

2. (Oisín   Tá   níos sine   Síofra   ná)
   _____

3. (glasa   ag Magda   súile   Tá)
   _____

4. (gruaig   ar Liam   Tá   ghearr   dhonn)
   _____

5. (ag imirt leadóige   Tá   le chéile   Niamh agus Síofra)
   _____

6. (ag spraoi   le mo chairde   Is breá   a bheith   liom)
   _____

E. Gramadach: An forainm réamhfhoclach 'ag'.

ag	agam (mé)	agat (tú)	aige (sé)	aici (sí)
Tá súile gorma **ag** Seán.	Tá súile gorma **agam**.	Tá súile gorma **agat**.	Tá súile gorma **aige**.	Tá súile gorma **aici**.

1. Tá súile glasa _____. (mé)
2. Tá a lán cairde _____. (sé)
3. An bhfuil peann dearg _____? (tú)
4. Tá liathróid ina lámh _____. (sí)
5. Tá a lán obair bhaile _____ inniu. (Síofra)
6. Níl a fhios _____. (mé)

Mé féin

F. Briathra: Aimsir Chaite – an chéad réimniú.

Cuir	Ól	Fan
Chuir mé Chuir tú Chuir sé Chuir sí	D'ól mé D'ól tú D'ól sé D'ól sí	D'fhan mé D'fhan tú D'fhan sé D'fhan sí

1. _____ a gheansaí air. (cuir, Seán)
2. _____ cupán tae ar maidin. (ól, mé)
3. _____ sa pháirc go dtí a hocht a chlog. (fan, tú)
4. _____ an teach ó bhun go barr inné. (glan, Daidí)
5. _____ leis an múinteoir agus í ag caint. (éist, an páiste)
6. Bhí brón ar Oisín nuair a _____ a lón sa bhaile. (fág, sé)

 Scríobh cúig abairt ag baint úsáid as na briathra thuas. Mar shampla: **Chuir** mé mo leabhar i mo mhála scoile.

Ar chuir?	Ar ól?	Ar fhan?
Chuir / Níor chuir.	D'ól / Níor ól.	D'fhan / Níor fhan.

1. **Ar chuir** Seán na héadaí sa vardrús?
   Níor chuir. Chuir sé na héadaí faoin leaba.

2. Ar ól Oisín an sú oráiste?
   _____

3. Ar fhan na páistí sa bhaile nuair a bhí sé ag cur báistí?
   _____

4. _____ Síofra an liathróid?
   Chaith Síofra an liathróid.

5. _____
   Níor ghlan Daidí an chistin. Ghlan sé an seomra folctha.

11

Mo chairde

G. Éist agus líon na bearnaí.

Ainm: _____
Aois: _____
Níos sine / óige: _____
Gruaig: _____
Súile: _____

Ainm: _____
Aois: _____
Níos sine / óige: _____
Gruaig: _____
Súile: _____

H. Cé mise?

Féach ar an bpóstaer ar leathanaigh 6 agus 7. Cén carachtar é?

Tá gruaig dhíreach dhonn orm. Tá súile gorma agam. Tá mé ag imirt peile. Cé mise?

Is mise <u>Seán</u>.

Tá gruaig fhada dhonn orm. Tá súile donna agam. Tá mé ag dreapadh. Cé mise?

Is mise _____.

Tá gruaig dhíreach fhionn orm. Tá súile glasa agam. Tá mé ag féachaint ar mo chara. Cé mise?

_____

Tá gruaig fhada chatach orm. Tá súile gorma agam. Tá mé ag siúl. Cé mise?

_____

 Cuir ceisteanna mar seo ar do chara.

Mé féin

I. Dán.

Cé Thú Féin?

Cé thú féin?
Cén aois thú?
Inis dom
Dath do shúl?

Cad as duit?
Cé leis thú?
Cé chomh hard
Is atá tú?

An rua, donn nó dubh
Do ghruaig?
Rang a Ceathair
Nó Rang a Cúig?

Ceisteanna móra
Céim ar chéim
Le fáil amach
Cé thú féin?

J. Na litreacha 'a' agus 'á'. Cuir na litreacha in ord.

lm**á**h

_____

cpu**á**n

_____

tr**a**t

_____

r**a**d

_____

arn**á**

_____

ag drep**a**dh**a**

_____

ml**áa**

_____

ag lscu**aa**dh

_____

 Scríobh cúig abairt ag baint úsáid as na focail thuas.
Mar shampla: Ghortaigh mé mo **lámh** ag imirt leadóige.

13

02 An fiaclóir

Eiseamláirí

Cad tá cearr leat?	Tá tinneas fiacaile / tinneas cinn / slaghdán orm.
Tá pian i mo bholg / chos / lámh.	
Tá eagla / imní / áthas orm.	Tá biseach orm.

Am bricfeasta a bhí ann.
Bhí an-tuirse ar Oisín bocht.
Bhí tinneas fiacaile air an oíche ar fad agus níor chodail sé go maith.
Ní raibh sé ábalta a bhricfeasta a ithe.
Chuir Mamaí glao ar an bhfiaclóir.

Chuaigh Oisín agus Mamaí go dtí an fiaclóir an tráthnóna sin. D'fhan siad sa seomra feithimh. Bhí Oisín chomh bán le sneachta. Bhí imní an domhain air. Dúirt Mamaí leis go mbeadh sé ceart go leor.

Nuair a shiúil Oisín isteach sa seomra, chonaic sé an steallaire agus an druilire. Thosaigh sé ag crith le heagla. Rug Mamaí ar a lámh. Dúirt an fiaclóir leis go mbeadh sé ceart go leor. Shuigh Oisín isteach sa chathaoir.

I gceann cúpla nóiméad, bhí an fiaclóir críochnaithe. D'fhéach Oisín isteach sa scáthán. Bhí an fhiacail agus an phian imithe. Bhí áthas air. 'Go raibh míle maith agat,' arsa Oisín, 'Tá biseach orm anois'.

Mé féin

A. Freagair na ceisteanna.

1. Cén t-am den lá a bhí ann?
   Am _____

2. Cad a bhí cearr le hOisín?
   Bhí _____

3. Cá ndeachaigh Oisín agus Mamaí?
   Chuaigh _____

4. Cad a chonaic Oisín i seomra an fhiaclóra?
   Chonaic _____

5. Cad a dúirt an fiaclóir leis?
   Dúirt _____

6. Cén fáth ar thosaigh Oisín ag crith?
   Thosaigh _____ mar _____

7. Cén fáth a raibh áthas ar Oisín ag deireadh an scéil?
   Bhí _____ mar _____

⭐ An raibh tusa tinn riamh? Cad a bhí cearr leat?

B. Fíor nó bréagach?

1. Am dinnéir a bhí ann.
2. Bhí tinneas fiacaile ar Oisín.
3. Chuir Mamaí glao ar an dochtúir.
4. Bhí áthas ar Oisín sa seomra feithimh.
5. Thosaigh Oisín ag crith le heagla.
6. Bhí áthas ar Oisín ag deireadh an scéil.

An fiaclóir

C. Na mothúcháin.

 áthas  brón  tuirse  eagla  imní  fearg  ocras

1. Bhí **tuirse** ar Shíofra mar níor chodail sí go maith.
2. Bhí _____ ar Sheán mar níor ith sé a bhricfeasta.
3. Bhí _____ ar Niamh mar ghortaigh sí a lámh.
4. Bhí _____ ar Dhaidí mar d'ith Tafaí a stocaí.
5. Bhí _____ ar Mhamaí mar bhuaigh sí an rás.
6. Bhí _____ agus _____ ar Oisín mar ní maith leis an fiaclóir.

 Críochnaigh an abairt: 'Bhí ___ orm mar ___.'

D. Cuir snas ar na habairtí.

Abairtí

 Bhí eagla ar Oisín.

1. Bhí eagla ar Sheán nuair a chonaic sé damhán alla.
2. Bhí eagla ar Shíofra nuair a bhris sí an fhuinneog.
3. Bhí eagla ar Thafaí nuair a chuala sé an toirneach.
4. Bhí eagla ar Mhamaí nuair a chuaigh Oisín ar strae.

Abairtí snasta

Bhí eagla **an domhain** ar Oisín.
Thosaigh Oisín **ag crith le heagla**.

1. Bhí _____
_____
2. Thosaigh _____
_____
3. Thosaigh _____
_____
4. Bhí _____
_____

 Scríobh na nathanna thuas in abairtí.

16

Mé féin

E. Comhrá.

Fiaclóir: Dia duit. Conas tá tú inniu?
Oisín: Dia is Muire duit. Níl mé go maith.
Fiaclóir: Cad tá cearr leat?
Oisín: Tá tinneas fiacaile orm.
Fiaclóir: Oscail do bhéal agus taispeáin dom.
Fiaclóir: Hmm… tá fiacail lofa agat. Tógfaidh mé amach í.
Oisín: A Mhamaí, tá eagla orm.
Mamaí: Ná bí buartha, a Oisín. Beidh tú go breá.

Tar éis tamaill…

Mamaí: An bhfuil biseach ort anois?
Oisín: Tá! Bhí an ceart agat, a Mhamaí. Ní raibh sé go dona. Tá áthas an domhain orm anois!

F. Cad tá cearr leat?

 Cad tá cearr leat?
 Tá tinneas fiacaile orm.
 Tá tinneas cinn orm.
 Tá slaghdán orm.
 Tá pian i mo bholg.
 Tá pian i mo chos.

 1. Bhí Tafaí ag tafann an oíche ar fad. Tá _____ _____ orm anois.

 2. Tá _____ _____ mar d'imir mé cluiche peile nuair a bhí sé fuar agus fliuch.

 3. D'ith mé a lán milseán agus tá _____ ____ _____ _____ anois.

 4. Tá _____ ____ _____ _____ mar thit mé den trampailín.

An fiaclóir

G. Ceisteanna agus freagraí.

An bhfuil…?   Tá…   Níl…

An bhfuil tinneas fiacaile ort?
Níl. Tá tinneas cinn orm.

 1. An bhfuil gruaig dhonn ar Sheán?
_____

 2. An bhfuil pian ina bholg ag Oisín?
_____

 3. An bhfuil geansaí ar Shíofra?
_____

 4. An bhfuil súile glasa ag Magda?
_____

 5. An bhfuil Liam ag imirt peile?
_____

Cuir na ceisteanna ar do chara.

1. An bhfuil aon deartháir nó deirfiúr agat?
_____

2. An bhfuil peata agat sa bhaile?
_____

3. An bhfuil suim agat sa spórt?
_____

4. An bhfuil tú níos óige ná mé?
_____

Mé féin

H. Gramadach: An forainm réamhfhoclach 'ar'.

ar	orm (mé)	ort (tú)	air (sé)	uirthi (sí)
Tá tinneas fiacaile **ar Shíofra**.	Tá tinneas fiacaile **orm**.	Tá tinneas fiacaile **ort**.	Tá tinneas fiacaile **air**.	Tá tinneas fiacaile **uirthi**.

1. Tá gruaig dhonn _____. (mé)
2. Bhí imní _____ mar bhí Tafaí ar strae. (Mamaí)
3. An bhfuil biseach _____? (tú)
4. Tá Síofra tinn. Tá slaghdán _____. (sí)
5. Chuaigh mé go dtí an dochtúir mar bhí tinneas cinn _____. (mé)
6. Níor chuir Seán a chóta _____ agus anois tá slaghdán _____. (sé)

I. Na litreacha 'a' agus 'á'. Roghnaigh an litir cheart.

fi__clóir

chomh b__n le sneacht__

c__c__

eagl__an domhain

seomr__ codl__t__

bl__th

slaghd__n

pl__t__

 Scríobh cúig abairt ag baint úsáid as na focail thuas.
Mar shampla: Chuaigh mé go dtí an **fiaclóir** inné.

An fiaclóir

J. Léigh an scéal.

Tinneas

An tús

Bhí mé tinn. Bhí tinneas cinn orm agus bhí pian i mo bholg. Bhí brón orm agus bhí mé ag caoineadh. Bhí imní ar Mhamaí. Chuir sí glao ar an dochtúir.

An lár

Tháinig an dochtúir an tráthnóna sin. Thóg sí mo theocht. D'fhéach sí isteach i mo chluasa. Dúirt sí go raibh mé an-tinn. Thug sí buidéal leighis do Mhamaí.

An deireadh

D'fhan mé sa leaba ar feadh cúpla lá. Chaith mé an buidéal leighis. I gceann cúpla lá bhí biseach orm. Bhí an tinneas cinn agus an phian imithe. Bhí áthas orm.

20

Mé féin

K. Scríobh do scéal féin.

Tinneas

An tús

Bhí mé tinn. Bhí _____

tinneas cinn   tinneas cluaise   slaghdán   brón
pian i mo bholg   imní   chuir   glao   dochtúir

An lár

Tháinig _____

an dochtúir   thóg   teocht   d'fhéach
dúirt   thug   buidéal leighis

An deireadh

D'fhan _____

chaith   i gceann cúpla lá   biseach
imithe   áthas

21

03 Ag an ollmhargadh

Eiseamláirí

Cad ba mhaith leat (a dhéanamh)?	Ba mhaith liom ___ (a dhéanamh).
Taitníonn ___ go mór liom.	le haghaidh an bhricfeasta / an lóin / an dinnéir

- plúr
- rísíní
- cnónna
- ag lorg
- ag léamh
- siúcra
- liosta
- tae
- seilf
- caife
- im
- úlla
- tralaí

22

Ag an ollmhargadh

A. Léigh an scéal. Freagair na ceisteanna.

Bhí Oisín agus Síofra ag bácáil sa chistin. Mheasc siad plúr, siúcra, im agus uibheacha le chéile. Chuir Síofra an meascán isteach san oigheann.

Go tobann, bhuail an fón. Amach as an gcistin le Síofra agus í ag caint le Magda.

Bhuail an cloigín ar an oigheann. Bhí an cáca réidh. Chuir Oisín na lámhainní móra air. Thóg sé an cáca amach. Ach bhí sé te. Bhí sé róthe. Scaoil sé leis an gcáca. Thit sé ar an urlár. Leis sin, rith Síofra isteach. Bhí sí ar buile.

Bhí cáca deas le haghaidh an tae an oíche sin… ag Tafaí agus Lóla.

1. Cad a bhí ar siúl ag Oisín agus Síofra?

   Bhí _____

2. Cad a mheasc siad le chéile?

   Mheasc _____

3. Cé a bhí ar an bhfón?

   Bhí _____

4. Cad a rinne Oisín nuair a bhí an cáca réidh?

   Chuir _____ agus _____

5. Cén fáth ar scaoil Oisín leis an gcáca?

   Scaoil _____ mar _____

6. Cén fáth a raibh Síofra ar buile?

   Bhí _____ mar _____

Ar bhácáil tusa cáca riamh? Déan cur síos air.

Bia

B. Comhrá.

Daidí: Beidh Lá an Bhia ann amárach, a Shíofra. Cad ba mhaith leat a dhéanamh?
Síofra: Taitníonn milseoga go mór liom. Ba mhaith liom pióg úll a dhéanamh.
Daidí: Ceart go leor. Faigh cúpla úll, siúcra, plúr agus im, le do thoil.
Daidí: A Sheáin, cad ba mhaith leatsa a dhéanamh?
Seán: Ní maith liom a bheith ag cócaráil. An bhfuil cead agam píotsa a thógáil isteach?
Daidí: Níl cead. Caithfidh gach páiste rud éigin a dhéanamh. Cad faoi anraith?
Seán: Ó, tá go maith, ceart go leor, mar sin.

C. Cad ba mhaith leat a dhéanamh?

Cad ba mhaith leat a dhéanamh?

Ba mhaith liom **sailéad** a dhéanamh.

1. Cad ba mhaith leat a dhéanamh?
   Ba mhaith liom _____ a dhéanamh.

2. Cad ba mhaith leat a dhéanamh?
   Ba mhaith liom _____ _____ ____ _____.

3. Cad ba mhaith leat a dhéanamh?
   Ba mhaith liom _____ ____ _____.

4. Cad ba mhaith leat ____ _____?
   Ba mhaith liom _____ _____.

5. Cad ba mhaith leat _____ _____?
   ____ _____ _____ _____.

25

Ag an ollmhargadh

D. Scríobh abairtí.

Cheannaigh	Seán	tósta	san ollmhargadh.
Rinne	**Síofra**	im	**sa siopa.**
D'ith	Oisín	sicín	sa chistin.
	mé	sailéad	sa bhialann.
	tú	pióg úll	sa pháirc.
	sé	**cnónna**	
	sí	píotsa	le haghaidh an
	siad	anraith	bhricfeasta / lóin / dinnéir.
		ceapaire	
		glóthach	

1. Cheannaigh Síofra cnónna sa siopa.
2. _____
3. _____
4. _____
5. _____

E. Gramadach: An forainm réamhfhoclach 'le'.

le	**liom** (mé)	**leat** (tú)	**leis** (sé)	**léi** (sí)
Taitníonn milseoga go mór **le** Síofra.	Taitníonn milseoga go mór **liom**.	Taitníonn milseoga go mór **leat**.	Taitníonn milseoga go mór **leis**.	Taitníonn milseoga go mór **léi**.

1. Is maith _____ sceallóga agus ispíní. (mé)
2. Bhí mé ag caint _____ inné. (Seán)
3. An dtaitníonn ceol _____ ? (tú)
4. Nuair a bhíonn an múinteoir ag caint, éisteann na páistí _____. (sí)
5. Cad ba mhaith _____ a dhéanamh le haghaidh an dinnéir? (tú)
6. Chuaigh mé ag siúl sa pháirc inné. Bhí mo mhadra _____. (mé)

Bia

F. Briathra: Aimsir Chaite – an dara réimniú.

 **Ceannaigh**

Ch eannaigh mé
Ch eannaigh tú
Ch eannaigh sé
Ch eannaigh sí

 **Éirigh**

D'éirigh mé
D'éirigh tú
D'éirigh sé
D'éirigh sí

 **Oscail**

D'oscail mé
D'oscail tú
D'oscail sé
D'oscail sí

1. _____ milseáin sa siopa. (ceannaigh, Oisín)
2. Bhí tuirse ar Sheán nuair a _____ ar a seacht a chlog. (éirigh, sé)
3. _____ an cófra agus thóg mé amach na cnónna. (oscail, mé)
4. _____ cnónna sa pháirc san fhómhar. (bailigh, Síofra)
5. _____ bricfeasta álainn ar maidin. (ullmhaigh, tú)
6. Dé Sathairn, _____ cluiche peile. (imir, sí)

 Scríobh cúig abairt ag baint úsáid as na briathra thuas.
Mar shampla: **Cheannaigh** Daidí ispíní san ollmhargadh.

Ar cheannaigh?   **Ar** éirigh?   **Ar** oscail?
Cheannaigh / **Níor** cheannaigh.   **D'**éirigh / **Níor** éirigh.   **D'**oscail / **Níor** oscail.

 1. **Ar cheannaigh** tú arán san ollmhargadh?
Níor cheannaigh mé arán. **Cheannaigh** mé píotsa.

 2. Ar oscail Oisín na fuinneoga?
_____

 3. Ar imir Seán sa chluiche peile?
_____

 4. _____ an múinteoir na cóipleabhair?
Níor bhailigh an múinteoir na cóipleabhair. Bhailigh Seán iad.

 5. _____
Níor cheannaigh sé cáca. Cheannaigh sé pióg.

Ag an ollmhargadh

G. Éist agus líon na bearnaí.

H. Ceangail.

siú	píní	_____
is	tar	_____
cnó	cra	siúcra
rís	aí	_____
tral	adh	_____
lios	mhargadh	_____
bol	íní	_____
cun	ta	_____
freast	nna	_____
oll	alaí	_____

Bia

I. Dán.

Glasraí

Deir siad liom i gcónaí,
'Ith rud éigin folláin.'
Ach níor mhaith liom glasraí a ithe,
Tá mé lán!

Cén fáth nach féidir liomsa
Sos ó ghlasraí a thógáil,
Agus suí síos i gcomhair béile
Agus mo rogha bia a fháil?

Glasraí don dinnéar,
Agus sailéad don tae,
Ní maith liom é, a Mhamaí,
Ní coinín mé!

J. Na litreacha 'o' agus 'ó'. Cuir na litreacha in ord.

soc
_____

óln
_____

rasoc
_____

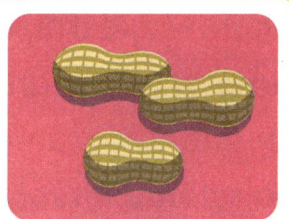

nócnna
_____

tstóa
_____

chto
_____

fciaólir
_____

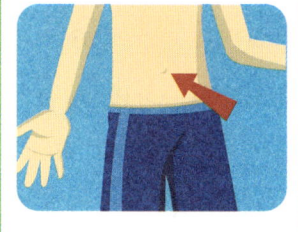

blog
_____

 Scríobh cúig abairt ag baint úsáid as na focail thuas.
Mar shampla: Bhí **ocras** orm mar d'fhág mé mo **lón** sa bhaile.

29

04 Bia blasta

Eiseamláirí

Conas a rinne tú é?	D'úsáid mé ___. / Mheasc mé ___.
Chuir mé ___ ann.	Is maith / breá / aoibhinn / fuath liom ___.

Lá an Bhia a bhí ann. Thug gach duine bia difriúil isteach ar scoil. Chuir siad bia de gach sórt amach ar an mbord. Bhí boladh álainn sa seomra ranga. Bhí ocras ar gach duine.

Bhí spaigití ag Daithí. Bhí sé an-deacair an spaigití a ithe. Thug sé forc agus spúnóg do gach duine. Thaispeáin sé conas an spaigití a ithe i gceart. Thit píosa spaigití ar léine Sheáin. Ní raibh sé sásta.

Rinne Amit agus a Dhaidí curaí. Chuir sé glasraí, sicín agus púdar curaí ann. Bhí an curaí an-te. Bhlais an múinteoir an curaí agus cheap sé go raibh a bhéal trí thine. Thug Amit deoch uisce dó.

Thug Magda bia blasta ón bPolainn ar scoil. Rinne sí é le cabhair a mamaí. Bhlais Seán píosa agus thaitin sé go mór leis. Thug Sinéad plátaí seilidí isteach. Níor bhlais aon duine na seilidí!

Bhí gach duine lán go béal ag dul abhaile an tráthnóna sin.

Bia

A. Freagair na ceisteanna.

1. Cén lá speisialta a bhí ann?
   Lá _____

2. Cén boladh a bhí sa seomra ranga?
   Bhí _____

3. Cén bia a thug Daithí ar scoil?
   Thug _____

4. Cad a chuir Amit sa churaí?
   Chuir _____

5. Cé a rinne an bia blasta ón bPolainn?
   Rinne _____

6. Cén fáth ar thug Amit deoch don mhúinteoir?
   Thug _____ mar _____

7. Cén bia nár thaitin le duine ar bith? Cá bhfios duit?
   Níor thaitin _____
   _____

⭐ Cén bia is fearr leatsa? Cén bia nach dtaitníonn leat? Cén fáth?

B. Cad a tharla ansin?

_____
_____
_____
_____
_____
_____
_____

Bia blasta

C. Is aoibhinn liom… ach is fuath liom…

 **Is aoibhinn liom** seacláid the ach **is fuath liom** tae.

1. Is _____ liom _____ ach is _____ liom _____.
2. Is _____, _____ _____ ach __ _____ _____ _____.
3. Is _____ ach __ _____ _____ _____.
4. Is _____ ach __ _____ _____ _____.
5. Is _____ ach __ _____ _____ _____.

Scríobh trí abairt ag baint úsáid as 'Is aoibhinn liom ____ ach is fuath liom ____.'

D. Críochnaigh na habairtí.

 **boladh álainn**    **trí thine**    **lán go béal**

1. Bhí _____ sa bhialann.
2. Chonaic na páistí teach _____.
3. Bhí Síofra _____ tar éis an dinnéir.
4. D'ith Oisín a lán milseán agus ansin bhí sé _____.
5. Bhí _____ sa chistin nuair a bhí Mamaí ag bácáil.
6. Cheap Seán go raibh a bhéal _____ nuair a d'ith sé an chillí.

 Scríobh na nathanna thuas in abairtí.

Bia

E. Comhrá.

Síofra: Conas a rinne tú an curaí sin, a Amit?
Amit: Bhí sé an-simplí. D'úsáid mé oinniún, trátaí, púdar curaí agus spíosraí eile.
Síofra: Ar chuir tú feoil ann?
Amit: Ó chuir, cinnte, chuir mé sicín ann. Ar mhaith leat é a bhlaiseadh?
Síofra: Cinnte. Go raibh maith agat.
Amit: Bí cúramach – tá sé an-te. Bhuel, an maith leat é?
Síofra: Is breá liom é, tá sé an-bhlasta! Ach tá an ceart agat, tá sé an-te.
Amit: Ar mhaith leat deoch uisce?
Síofra: Ba mhaith, cinnte. Go raibh maith agat.

F. Conas a rinne tú é?

 Conas a rinne tú **an deoch sin**?

D'úsáid mé **banana** agus **bainne**.

 1. Conas a rinne tú an t-anraith sin?

D'úsáid mé _____.

 2. Conas a rinne tú an ceapaire sin?

D'úsáid mé _____, _____ agus _____.

 3. Conas _____ _____ _____ an sailéad sin?

D'úsáid mé _____, _____ agus _____.

 4. _____ _____ _____ na pancóga sin?

D'úsáid mé _____.

glasraí	uibheacha	plúr	arán	bainne
cáis	leitís	im	trátaí	oinniún

33

Bia blasta

G. Gramadach: An–.

an- + h

Tá an spaigití blasta.

Tá an curaí **an**-**bh**lasta.

ach amháin le d t s

Tá mo léine salach.

Tá mo léine **an**-salach.

deacair   simplí   te   fuar   deas   mór

1. Ta sé an-_____ spaigití a ithe.

2. Tá an t-úll seo an-_____! Is aoibhinn liom é!

3. Ba mhaith liom anraith a dhéanamh mar tá sé an-_____ inniu.

4. Tá mo bhéal trí thine mar tá an curaí an-_____.

5. Nach bhfuil mo ghúna nua _____?

6. Tá an deoch seo _____ a dhéanamh. Mheasc mé sútha talún agus bainne agus bhí sí deánta!

Bia

H. Ceisteanna agus freagraí.

Ar mhaith leat…?   Ba mhaith liom…   Níor mhaith liom…

Ar mhaith leat mo phióg úll a bhlaiseadh?
Ba mhaith liom é a bhlaiseadh.
Níor mhaith liom é a bhlaiseadh.

 1. Ar mhaith leat seilidí a bhlaiseadh?
_____

 2. Ar mhaith leat Lá an Bhia a bheith agat i do scoil féin?
_____

 3. Ar mhaith leat a bheith i do mhúinteoir?
_____

 4. Ar mhaith leat imirt ar fhoireann peile na hÉireann?
_____

 5. Ar mhaith leat dul go dtí Disneyland?
_____

 Cuir ceisteanna a thosaíonn le 'Ar mhaith…?' ar do chara.

I. Na litreacha 'o' agus 'ó'. Roghnaigh an litir cheart.

 sc ___ il

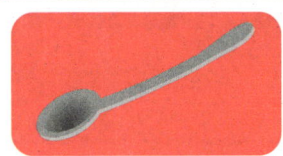 spun ___ g

 ___ inniún

 sr ___ n

 f ___ n p ___ ca

 ag imirt lead ___ ige

 gruaig fhi ___ nn

 b ___ ladh álainn

 Scríobh cúig abairt ag baint úsáid as na focail thuas.
Mar shampla: Tá Lá an Bhia ann ar **scoil** inniu.

35

Bia blasta

J. Léigh an scéal.

Ag cócaráil

An tús

Am bricfeasta a bhí ann. Bhí ocras an domhain ar na páistí. Bhí siad ag déanamh pancóg.

An lár

Thóg Síofra an bainne agus na huibheacha as an gcuisneoir. Thóg Seán an plúr agus an siúcra as an gcófra. Fuair Oisín sútha talún.

Chuir siad an bainne, na huibheacha, an plúr agus an siúcra i mbabhla mór. Mheasc siad gach rud le chéile.

Ansin, rinne na páistí na pancóga sa bhfriochtán le cabhair Mhamaí.

An deireadh

I gceann cúpla nóiméad, bhí na pancóga réidh. Chuir siad sútha talún agus seacláid orthu. Bhlais siad iad. Euch! Bhí na pancóga go huafásach. Bhí díomá ar na páistí. D'úsáid siad salann in áit siúcra. Ó, mo léan!

K. Scríobh do scéal féin.

Ag cócaráil

An tús

Am _____

am bricfeasta   am lóin   am dinnéir
___ a bhí ann   ag déanamh
ceapairí   sailéad   cáca

An lár

_____

thóg fuair d'úsáid chuir mheasc ansin
cuisneoir cófra oigheann babhla (mór)
arán im cáis oinniún cairéid leitís trátaí
sicín seacláid plúr siúcra uibheacha

An deireadh

_____

tar éis tamaill   i gceann cúpla nóiméad
bhí ___ réidh
bhlais an-bhlasta an-mhaith go hálainn
go huafásach áthas díomá

05 Cuairt ar Mhamó agus ar Dhaideo

Eiseamláirí

| Cá bhfuil tú i do chónaí? | Tá mé i mo chónaí i ___. |
| Cónaím i ___. | Tá an teach suite ___. |

- grianghraf
- an chistin
- an seomra folctha
- cuntar
- an seomra codlata
- ciseán
- ag ullmhú an dinnéir
- plandaí
- tíleanna
- cathaoireacha
- bord
- blaincéad

Sa bhaile

- an seomra suite
- dallóg
- doras sleamhnáin
- ag imirt cártaí
- tolg
- balcóin
- iris
- táibléad

Cuairt ar Mhamó agus ar Dhaideo

A. Léigh an ríomhphost. Freagair na ceisteanna.

Haigh Liam,

Conas tá tú? Tá mé ag fanacht le Mamó agus Daideo. Tá siad ina gcónaí in árasán deas le balcóin.

Dé Sathairn, chuamar go dtí bialann. D'ith Oisín céad chúrsa, príomhchúrsa agus milseog! Bhí sé lán go béal agus bhí pian ina bholg aige. 😟

Dé Domhnaigh, bhí an doras sleamhnáin ar oscailt sa seomra suite. Go tobann, d'eitil éan mór isteach agus shuigh sí ar cheann Shíofra! Thosaigh Síofra ag screadach agus d'eitil an t-éan amach arís. Bhí Síofra ag crith agus chomh bán le sneachta! 😳

Slán go fóill,
Seán 😊

1. Cá bhfuil Mamó agus Daideo ina gcónaí?

   Tá siad ina gcónaí _____

2. Cá ndeachaigh siad Dé Sathairn?

   Chuaigh _____

3. Cad a d'ith Oisín sa bhialann?

   D'ith _____

4. Cad a tharla do Shíofra Dé Domhnaigh?

   D'eitil _____

5. Conas a tháinig an t-éan isteach san árasán?

   Bhí _____

6. Conas a mhothaigh Síofra nuair a shuigh an t-éan ar a ceann? Cá bhfios duit?

   Bhí _____

⭐ Déan cur síos ar theach ar thug tú cuairt air. Cé a chónaigh ann? Cá bhfuil an teach sin? Cén sórt tí é?

Sa bhaile

B. Comhrá.

Agallóir: Cá bhfuil tú i do chónaí?
Magda: Tá mé i mo chónaí i mBaile Átha Cliath.
Agallóir: Inis dom faoi do theach.
Magda: Cónaím i mbungaló. Níl ach urlár amháin ann. Tá trí sheomra codlata ann, agus cistin mhór, seomra suite agus seomra bia. Tá dhá sheomra folctha ann freisin.
Agallóir: Cá bhfuil an teach suite?
Magda: Tá an teach suite in eastát mór.
Agallóir: An bhfuil gairdín agat?
Magda: Tá gairdín an-bheag ar chúl an tí. Is breá liom an gairdín mar tá a lán bláthanna daite ann.

C. Cá bhfuil tú i do chónaí?

| i gcathair | i mbaile mór | i sráidbhaile | faoin tuath |

| i dteach dhá stór | i mbungaló | in árasán |

| cois farraige | in eastát mór | ar fheirm |

1. Tá mé i mo chónaí **i gcathair**. Cónaím **i dteach dhá stór**. Tá an teach suite **in eastát mór**.

2. Tá mé i mo chónaí i mbaile mór. Cónaím _____. Tá an árasán suite _____.

3. Tá mé _____. Cónaím _____. _____. Tá an teach suite _____.

4. _____

Mo theach

41

Cuairt ar Mhamó agus ar Dhaideo

D. Scríobh an abairt mar is ceart.

1. (ina cónaí   Tá   Aintín   i sráidbhaile   Síle)
_____

2. (Oisín   sa   isteach   Chuaigh   seomra suite)
_____

3. (shalach   Chuir   chiseán   Síofra   sa   an léine)
_____

4. (cluiche cártaí   Mamó   D'imir   Daideo   agus)
_____

5. (táibléad   sa   Mamaí   nua   Cheannaigh   siopa)
_____

6. (an dallóg   ar Sheán   sé   bhris   imní   Bhí   mar)
_____

E. Gramadach: An réamhfhocal 'i'.

i + urú

Cónaím **i m**Baile Átha Cliath.

i mb   i gc   i nd   i bhf   i ng   i bp   i dt

1. Tá mé i mo chónaí i _____. (Dún na nGall)

2. Cónaím i _____. (Pórt Láirge)

3. An raibh tú i _____ riamh? (Tiobraid Árann)

4. Cónaíonn m'aintín agus m'uncail i _____. (Ciarraí)

5. An bhfuil tú i do chónaí i _____? (Gaillimh)

Sa bhaile

F. Briathra: Aimsir Chaite – briathra neamhrialta.

Beir
Rug mé
Rug tú
Rug sé
Rug sí

Ar rug?
Rug / Níor rug.

Clois
Chuala mé
Chuala tú
Chuala sé
Chuala sí

Ar chuala?
Chuala / Níor chuala.

Ith
D'ith mé
D'ith tú
D'ith sé
D'ith sí

Ar ith?
D'ith / Níor ith.

Tabhair
Thug mé
Thug tú
Thug sé
Thug sí

Ar thug?
Thug / Níor thug.

Tar
Tháinig mé
Tháinig tú
Tháinig sé
Tháinig sí

Ar tháinig?
Tháinig / Níor tháinig.

---

1. _____ bronntanas do mo chara. (tabhair, mé)

2. Ar lá breithe Oisín, _____ le cárta dó. (tar, bean an phoist)

3. _____ ar an liathróid. (beir, mé)

4. Ar _____ cad a tharla inné? (clois, tú)

5. Bhí Liam tinn inné ach _____ ar scoil inniu. (tar, sé)

6. Rinne Daidí píotsa agus _____ píosa dom. (tabhair, sé)

7. _____ ar lámh Oisín nuair a bhí eagla air. (beir, Mamaí)

8. _____ na sútha talún go léir. (ith, Oisín)

Scríobh cúig abairt ag baint úsáid as na briathra thuas.
Mar shampla: **Chuala** mé éan ag canadh sa ghairdín.

Cuairt ar Mhamó agus ar Dhaideo

G. Éist agus tarraing.

H. Crosfhocal.

Trasna
2. _____
5. _____
7. _____
8. _____
9. _____

Síos
1. _____
3. _____
4. _____
6. _____
10. _____

Sa bhaile

I. Dán.

Cá Bhfuil Cónaí Ort?

Cá bhfuil cónaí ort
I mbungaló mór
In árasán
Nó i dteach dhá stór?

An seanteach é?
Nó an bhfuil sé nua?
Sa bhaile mór?
Nó amuigh faoin tuath?

An bhfuil gairdín mór
Ar chúl an tí?
Áit don chraic,
don spórt is spraoi?

Is breá liom mo theach
Ach mar sin féin,
B'fhearr liom go mór
Mo sheomra codlata féin!

J. An litir 'ú'. Cén focal é?

ú a c g l ó s

_ _ i _

_ i _ _ r _

_ ll _

s _ i _ e

_ p _ n _ _

ar ch _ _ an tí

Scríobh cúig abairt ag baint úsáid as na focail thuas.
Mar shampla: Tá mo dheartháir **cúig** bliana d'aois.

06 Luch sa teach

Eiseamláirí

| Nuair a ___. | An bhfaca ___? Chonaic / Ní fhaca. |
| Chuardaigh mé sa / ar an / faoin / taobh thiar den ___. | Rith an luch trasna / timpeall / tríd ___. |

Léigh mo scéal.

Bhí Oíche Shamhna ag teacht. Bhí mé san áiléar ag cuardach éadaí Oíche Shamhna. Baineadh geit asam nuair a…

… *léim* luch bheag amach as bosca amháin! Rith sí *trasna* an urláir agus *síos* an staighre ar nós na gaoithe.

Ar dtús, rith an luch isteach *faoin* leaba sa seomra codlata. Nuair a chonaic Daidí an luch lig sé béic as. Léim sé suas ar an gcófra.

Ansin, rith an luch *timpeall* an tseomra folctha. Bhain an luch geit as Oisín.

Tar éis sin, chuaigh an luch *síos* an staighre agus rith sí *taobh thiar den* tolg sa seomra suite. Ní fhaca Mamaí an luch ar chor ar bith.

Sa deireadh, rith an luch *tríd* an gcistin agus amach an doras. Baineadh geit uafásach as Seán bocht. Thit pláta as a lámh agus bhris sé ina smidiríní ar an urlár.

Sa bhaile

A. Freagair na ceisteanna.

1. Cén oíche mhór a bhí ag teacht?
   Bhí _____

2. Cén fáth a raibh Síofra san áiléar?
   Bhí _____

3. Cár rith an luch sa seomra codlata?
   Rith _____

4. Cad a rinne Daidí nuair a chonaic sé an luch?
   Lig _____ agus _____

5. Cá ndeachaigh an luch sa seomra suite?
   Chuaigh _____

6. Conas a d'imigh an luch amach as an teach sa deireadh?
   Rith _____

7. Cá bhfios duit gur baineadh geit as Seán?
   Tá a fhios agam gur baineadh geit as mar _____
   _____

⭐ Ar baineadh geit asatsa riamh? Cad a tharla?

B. Cad a tharla ansin?

47

Luch sa teach

C. Nuair a...

Ceangail.

Nuair a chonaic Daidí an luch	bhí boladh álainn sa chistin.
Nuair a d'ith Síofra a lán milseán	bhris sé a chos.
Nuair a thit Seán den trampailín	lig sé béic as.
Nuair a rinne Mamaí cáca	bhí sé chomh bán le sneachta.
Nuair a chuaigh Oisín go dtí an fiaclóir	bhí pian ina bolg.

Críochnaigh na habairtí seo.

1. **Nuair a** chonaic Mamaí an fhuinneog bhriste _____
2. **Nuair a** bhí tinneas fiacaile orm _____
3. **Nuair a** d'ith mé an curaí te _____

D. Cuir snas ar na habairtí.

Abairtí	Abairtí snasta
 Rith an luch trasna an urláir.	Rith an luch trasna an urláir **ar nós na gaoithe**.
 Ní fhaca Mamaí an luch.	Ní fhaca Mamaí an luch **ar chor ar bith**.
 Bhris pláta Sheáin.	Bhris pláta Sheáin **ina smidiríní**.

1. Rith Oisín abhaile.
2. Nuair a bhuail an liathróid an fhuinneog bhris an fhuinneog.
3. Ní maith le Seán piseanna.
4. Nuair a bhí mé déanach inné, rith mé síos an staighre.

1. _____
2. _____
3. _____
4. _____

⭐ Scríobh na nathanna thuas in abairtí.

Sa bhaile

E. Comhrá.

Seán: Ní chreidim go bhfuil an luch ollmhór sin ar ais arís! A Shíofra, an bhfaca tusa an luch?

Síofra: Ní fhaca. Chuardaigh mé faoin mbord, sa chófra agus taobh thiar den radaitheoir.

Seán: Go bhfóire Dia orainn! An bhfaca tusa an luch thuas staighre, a Oisín?

Oisín: Ní fhaca. Chuaigh mé isteach sna seomraí codlata agus sa seomra folctha ach ní raibh aon luch ann.

Seán: Cad a dhéanfaimid?

Síofra: Cuirfidh mise glao ar Dhaidí!

Oisín: Fan nóiméad. Féach! Tá sí imithe amach sa ghairdín anois!

F. Cá raibh an luch?

sa   ar an   faoin   taobh thiar den

Ar dtús, chuardaigh mé _____ _____ .

Ní raibh sí _____ _____ .

Ní fhaca mé í _____ _____ .

Sa deireadh, chonaic mé an luch _____ _____ _____ .

Luch sa teach

G. Gramadach: Réamhfhocail.

trasna an bhosca  **timpeall** an bhosca  **tríd** an mbosca

Tarraing pictiúr.

Rith Tafaí **trasna** an bhóthair.

Bhí bláthanna ag fás **timpeall** an tí.

Chuaigh an cailín **tríd** an ngeata.

Líon na bearnaí.

1. Rith na páistí _____ an chlóis ag am lóin.
2. Shiúil Mamó agus Daideo _____ an bhóthair.
3. Chiceáil Seán an liathróid _____ an bhfuinneog.
4. Chuaigh an bád _____ na habhann.
5. Bhí an fhoireann ag rith _____ na páirce sa chluiche peile.
6. Bhí pictiúir dheasa ar crochadh _____ an tseomra ranga.
7. Shiúil an bhó _____ an ngeata isteach sa pháirc.

Scríobh trí abairt ag baint úsáid as 'trasna', 'timpeall' agus 'tríd'.

Sa bhaile

H. Ceisteanna agus freagraí.

An bhfaca…?   Chonaic…   Ní fhaca…

An bhfaca tú luch sa bhaile riamh?

Chonaic mé luch sa seomra codlata oíche amháin.

Ní fhaca mé luch sa bhaile riamh.

1. An bhfaca tú luch sa bhaile riamh?
   _____

2. An bhfaca tú teach ceithre stór riamh?
   _____

3. _____ piongain riamh?
   _____

4. _____ tarantúla riamh?
   _____

⭐ Cuir ceisteanna a thosaíonn le 'An bhfaca…' ar do chara.

I. Na litreacha 'i' agus 'í'. Cuir na litreacha in ord.

mi	rtí	ag ithr	sícin

csitni	cruía	guargi	Tá ínim orm.

⭐ Scríobh cúig abairt ag baint úsáid as na focail thuas.
Mar shampla: Chuir mé **im** agus cáis i mo cheapaire.

Luch sa teach

J. Léigh an scéal.

Spéaclaí caillte

An tús

Chaill mé mo chuid spéaclaí inné. Chuardaigh mé i ngach áit sa teach ach ní fhaca mé iad.

An lár

Ar dtús, chuardaigh mé i mo mhála scoile. Ní raibh na spéaclaí ann. Ansin, chuardaigh mé sa seomra suite. Tar éis sin, chuardaigh mé faoin leaba. Ní fhaca mé iad ar chor ar bith.

An deireadh

Sa deireadh, fuair mé iad. Bhí siad ar mo cheann an t-am ar fad. Thosaigh mé ag gáire.

K. Leag amach do scéal féin.

_____ caillte

An tús	An lár			An deireadh
Cad a bhí caillte?	Cár chuardaigh tú?			Cá bhfuair tú an rud caillte sa deireadh?
	ar dtús	ansin	tar éis sin	

Sa bhaile

L. Scríobh do scéal féin.

_____ caillte

An tús

Chaill mé _____

An lár

Ar dtús, chuardaigh mé _____

Ansin, _____

Tar éis sin, _____

An deireadh

Sa deireadh _____

---

spéaclaí
fón
leabhar
obair bhaile
táibléad
mála

chuardaigh
ní fhaca
ní raibh
fuair

i ngach áit
ar chor ar bith

sa
ar an
faoin
taobh thiar den

cistin
seomra suite
seomra codlata
seomra folctha
áiléar
gairdín

cófra
vardrús
seilf
bord
cuntar
cathaoir
tolg
radaitheoir
leaba
ruga

Súil siar A

A. Líon na bearnaí chun an scéal a chríochnú.

ag spraoi | an-ocras | sceallóga | lán go béal
a bhí ann | doras sleamhnáin | sórt | ar dtús
pióg | sa ghairdín | álainn | ag ullmhú

An Domhnach ___ ___ ___. Bhí cóisir ar siúl ___ ___. Bhí Mamaí agus Daidí ___ ___ an bhia agus bhí boladh ___ ag teacht ón gcistin.

Tar éis tamaill, tháinig Mamaí amach an ___ ___. Bhí bia de gach ___ aici. Bhí ___ ar gach duine. Shuigh siad timpeall an bhoird.

___ ___, d'ith siad píotsa agus ___. Ansin, bhí ___ acu. Tar éis sin, bhí siad go léir ___ ___ ___.

Ansin, lean gach duine ar aghaidh ag caint agus ___ ___. Lá álainn a bhí ann.

B. Briathra: Aimsir Chaite - briathra rialta.

Cuir | Ól | Fan | Oscail | Ceannaigh | Éirigh

1. _____ mé mo chóta orm inné.
2. _____ Seán gloine bainne ag an dinnéar.
3. _____ Oisín sa charr fad a bhí Mamaí sa siopa.
4. _____ Síofra bronntanas do Magda.
5. Ar _____ tú go luath ar maidin?
6. Níor _____ Oisín a mhála scoile inné.

Scríobh na briathra thuas in abairtí.

54

Súil siar

C. Gramadach: Na forainmneacha réamhfhoclacha.

orm   ort   air   uirthi

agam   agat   aige   aici   liom   leat   leis   léi

Is mise Síofra.
Tá súile gorma _____.
Tá gruaig rua _____.
Is breá _____ a bheith ag bácáil.

Seo í mo chara Magda.
Tá súile glasa _____.
Tá gruaig fhionn _____.
Is breá _____ a bheith ag caint lena cairde.

Seo é mo chara Liam.
Tá súile gorma _____.
Tá gruaig dhonn _____.
Is breá _____ a bheith ag imirt peile.

D. Scríobh.

Scríobh faoi do chara. Cuir isteach an t-eolas seo a leanas:

- ainm agus aois
- gruaig agus súile 
- an bia is maith leis / léi agus an bia nach maith leis / léi 
- teach do charad 

E. Seanfhocal.

Is maith an t-anlann an t-ocras.

Tarraing pictiúr chun an seanfhocal seo a mhíniú.

55

07 An lá scoile

Eiseamláirí

Cén rang ina bhfuil tú?
Tá mé i Rang a ___.

Cén t-am a thosaíonn / a chríochnaíonn ___?
Tosaíonn / Críochnaíonn ___ ar a ___.

Cén scoil ina bhfuil tú?
Tá mé i ___.

Cathain a bhíonn ___ agat?
Bíonn ___ againn ___.

- an clár bán
- seilfeanna
- uisceadán
- bileog oibre
- cóipleabhair
- ag tomhas
- ag scipeáil
- ag ithe lóin
- ag spraoi
- ag cabhrú
- an clós
- gortaithe

56

An scoil

- éadaí spóirt
- an halla spóirt
- ag dreapadh
- ag imirt cispheile
- feadóg
- trampailín
- seomra na ríomhairí
- cluasáin
- ceamara
- luchóg
- ríomhaire
- ag obair go dian

An lá scoile

A. Léigh an clár ama. Freagair na ceisteanna.

Clár ama Rang a Ceathair — Scoil Naomh Muire

	Dé Luain	Dé Máirt	Dé Céadaoin	Déardaoin	Dé hAoine
9.00am	Béarla	Béarla	Béarla	Béarla	Tionól
10.00am	Mata	Mata	Mata	Mata	Mata
11.00am	Sos	Sos	Sos	Sos	Sos
11.15am	Gaeilge	Corpoideachas	Gaeilge	Corpoideachas	Gaeilge
12.15pm	Lón	Lón	Lón	Lón	Lón
12.45pm	Stair	Gaeilge	Eolaíocht	Gaeilge	Béarla
1.45pm	Drámaíocht	Ríomhairí	Ealaín	Tíreolaíocht	Ceol
2.30pm	Glanadh suas	Glanadh suas	Glanadh suas	Glanadh suas	Glanadh suas

1. Cén t-am a bhíonn an rang mata ag na páistí?

   Bíonn _____ ag na páistí ar a _____ a chlog.

2. Cén lá a dhéanann na páistí ealaín?

   Déanann _____

3. Cén t-am a bhíonn am lóin ag na páistí?

   Bíonn _____

4. Cathain a théann Rang a Ceathair go dtí seomra na ríomhairí?

   Téann _____

5. Cé mhéad uair sa tseachtain a dhéanann siad corpoideachas?

   ☐ uair amháin   ☐ dhá uair   ☐ trí huaire sa tseachtain.

6. Cén t-am a chríochnaíonn an lá scoile, meas tú?

   Measaim go gcríochnaíonn _____

Scríobh amach do chlár ama féin.

An scoil

B. Comhrá.

Agallóir: Inis dom faoi do scoil. Cén rang ina bhfuil tú?
Seán: Tá mé i Rang a Ceathair.
Agallóir: Cén scoil ina bhfuil tú?
Seán: Tá mé i Scoil Naomh Muire.
Agallóir: Cén t-am a thosaíonn an scoil?
Seán: Tosaíonn sí ar a naoi a chlog agus críochnaíonn sí ar a ceathrú chun a trí.
Agallóir: Cén t-am a bhíonn am lóin agat?
Seán: Tosaíonn am lóin ar a ceathrú tar éis a dó dhéag agus críochnaíonn sí ar a ceathrú chun a haon.
Agallóir: Cathain a bhíonn corpoideachas agaibh?
Seán: Bíonn corpoideachas againn Dé Máirt agus Déardaoin. Is aoibhinn liom corpoideachas!

C. Inis dom faoi do scoil.

Is mise Oisín.

Tá mé i Rang a _____ i Scoil Naomh Muire.

Tosaíonn an scoil ar a _____ agus

críochnaíonn sí ar a _____.

Taitníonn _____ agus _____ go mór liom.

Bíonn Gaeilge againn _____ agus bíonn

ceol againn _____.

naoi a chlog	Dé hAoine	ceathrú chun a trí	
Gaeilge	hAon	ceol	gach lá

Scríobh cúpla abairt faoi do scoil féin.

59

An lá scoile

D. Scríobh na habairtí.

1. Is aoibhinn le [girl] [Béarla book] agus [Stair book].
   Is aoibhinn le **Síofra** **Béarla** agus **stair**.

2. Rinne [girl] a [copybook] sa rang [Maths book].
   _____

3. Shéid an [boy] an [whistle] sa [yard].
   _____

4. Thosaigh [girl] ag scipeáil sa [yard] ag am [lunchbox].
   _____

5. Chabhraigh an [girl] le [boy] nuair a [boy falling] sé sa [yard].
   _____

E. Gramadach: Cén t-am é?

[clock 10:00]	[clock 11:30]	[clock 12:15]	[clock 1:45]
a deich a chlog	leathuair tar éis a haon déag	ceathrú tar éis a dó dhéag	ceathrú chun a dó

1. [clock] Bíonn ceacht Gaeilge ar _____.

2. [clock] Bíonn ceacht ealaíne ar _____ _____.

3. [clock] Tosaíonn am lóin ar _____ _____.

4. [clock] Bíonn ceacht ceoil ar _____ _____.

5. [clock] Tosaíonn an scoil ar _____.

⭐ Cén t-am a thosaíonn am lóin i do scoil féin?

An scoil

F. Briathra: Aimsir Chaite – briathra neamhrialta.

Abair
Dúirt mé
Dúirt tú
Dúirt sé
Dúirt sí

An ndúirt?
Dúirt / Ní dúirt.

Bí
Bhí mé
Bhí tú
Bhí sé
Bhí sí

An raibh?
Bhí / Ní raibh.

Déan
Rinne mé
Rinne tú
Rinne sé
Rinne sí

An ndearna?
Rinne / Ní dhearna.

Faigh
Fuair mé
Fuair tú
Fuair sé
Fuair sí

An bhfuair?
Fuair / Ní bhfuair.

Feic
Chonaic mé
Chonaic tú
Chonaic sé
Chonaic sí

An bhfaca?
Chonaic / Ní fhaca.

Téigh
Chuaigh mé
Chuaigh tú
Chuaigh sé
Chuaigh sí

An ndeachaigh?
Chuaigh / Ní dheachaigh.

---

1. _____ liom an dallóg a oscailt. (abair, mo mhúinteoir)

2. Ní _____ mo chuid obair bhaile aréir. (déan, mé)

3. _____ a mhúinteoir san ollmhargadh inné. (feic, Seán)

4. _____ ar scoil ar mo rothar. (téigh, mé)

5. D'oibrigh Síofra go dian agus _____ réalta ón múinteoir. (faigh, sí)

6. Ní _____ ar scoil inné mar bhí mé tinn. (bí, mé)

7. An _____ go dtí an pháirc tar éis na scoile inné? (téigh, sé)

8. An _____ na ríomhairí nua sa seomra na ríomhairí? (feic, tú)

Scríobh cúig abairt ag baint úsáid as na briathra thuas.

An lá scoile

G. Éist agus freagair na ceisteanna.

1. **Cé** a bheidh ag dul go dtí an oifig?
   _____

2. **Cad** a fuair an príomhoide sa chlós inne? _____

3. **Cé** a bheidh ag tabhairt cuairt ar Rang a Ceathair Dé Céadaoin?
   _____

4. **Cé** a bheidh ag imirt peile amárach? _____

5. **Cá** mbeidh Rang a Trí ag dul? _____

H. Cén seomra é?

an seomra ranga	an halla spóirt	seomra na ríomhairí
cóipleabhar	trampailín	ríomhairí
_____	_____	_____
_____	_____	_____
_____	_____	_____
_____	_____	_____

~~ríomhairí~~   ceamara   bosca lóin   ~~cóipleabhair~~   ~~trampailín~~
liathróid chispheile   luchóg   cluasáin   bileoga oibre   mála scoile
clár bán   sliotar   camán   táibléad   feadóg

62

An scoil

I. Dán.

Mo Scáth
Le Eamonn Ó Riordáin

Tagann sé gach áit liom.
Ar an mbus is fiú ar scoil.
Bíonn sé liom i rith an lae,
Is mé ag súgradh nó ag gol.
Ach nuair a thagann an oíche,
Éalaíonn sé uaim go mall,
Fanann sé uaim go ngealann an mhaidin,
Ansin tagann sé chugam ar ball.

J. Na litreacha 'i' agus 'í'. Roghnaigh an litir cheart.

| éada_ | d_nnéar | ag _the ló_n | b_leog |

| _sp_n_ | trampail_n | r_omhair_ | ag _mirt c_spheile |

Scríobh cúig abairt ag baint úsáid as na focail thuas.

08 An dráma scoile

Eiseamláirí

Bhí ___ gléasta mar ___.	___ níor thug mé faoi deara é.
Ar chuala tú (cad a tharla) __?	Is mór an trua ___.

Léigh mo scéal.

Go n-éirí libh!

Tá mé an-neirbhíseach!

Bhí oíche mhór againn ar scoil an Déardaoin seo caite. Bhí dráma Rang a Ceathair ar siúl. Tháinig a lán daoine chun an dráma a fheiceáil. Bhí an halla dubh le daoine. Bhí an rang go léir ar bís.

Bhí gach duine gléasta mar ainmhí sa dráma. Bhí Síofra agus mé féin gléasta mar bhó, Síofra mar cheann agus mise mar thóin na bó. Bhí Amit gléasta mar mhuc. Bhí Aoife gléasta mar lacha agus is mar chaora a bhí Magda gléasta.

Ó bhó, go deo!

Ó bhó!

Ar dtús, chuaigh Aoife amach ar an stáitse. Bhí buicéad uisce aici. Dhoirt sí uisce ach níor thug mé faoi deara é. Bhí mé an-neirbhíseach. Thosaigh mé ag cur allais. Ansin, bhí sé in am againne dul amach ar an stáitse.

Ní fhaca Síofra an lochán beag uisce. Sciorr sí agus thit sí ar an stáitse. Leis sin, thit mise freisin. Stróic an feisteas. Thosaigh an lucht féachana ag gáire. Thosaigh Síofra agus mé féin ag gáire freisin. Thug gach duine bualadh bos mór dúinn.

64

An scoil

A. Freagair na ceisteanna.

1. Cad a bhí ar siúl ag Rang a Ceathair?
   Bhí _____

2. Conas a bhí Seán agus Síofra gléasta?
   Bhí _____

3. Cé a bhí gléasta mar lacha?
   Bhí _____

4. Cad a bhí ag Aoife nuair a chuaigh sí amach ar an stáitse?
   Bhí _____

5. Cad a tharla nuair a tháinig Seán agus Síofra amach ar an stáitse?
   Sc _____

6. Cad a rinne an lucht féachana nuair a thit Seán agus Síofra?
   Th _____

7. Bhí Seán an-neirbhíseach. Conas a bhí Síofra, meas tú?
   Measaim go raibh _____

⭐ Ar ghlac tusa páirt i ndráma riamh? Scríobh faoi.

B. Fíor nó bréagach?

1. Bhí an dráma ar siúl Dé Céadaoin.

2. Bhí an halla dubh le daoine.

3. Bhí Magda gléasta mar mhuc.

4. Dhoirt Aoife uisce ar an stáitse.

5. Nuair a thit Seán agus Síofra stróic an feisteas.

6. Thosaigh Seán ag caoineadh nuair a thit sé.

An dráma scoile

C. ... níor thug mé faoi deara é.

Dhoirt sí uisce ar an stáitse ach **níor thug mé faoi deara é.**

1. Bhí mála Shíofra agam ach níor thug mé _____ _____ é.
2. Bhí dhá bhróg dhifriúla orm ach níor thug mé _____ _____ é. 
3. Bhí an solas tráchta dearg ach níor _____. 
4. Bhí an doras sleamhnáin dúnta ach níor _____. 

⭐ Scríobh trí abairt ag úsáid '... ach níor thug mé faoi deara é'.

D. Críochnaigh na habairtí.

dubh le daoine    **ar bís**    **neirbhíseach**

1. Bhí an Nollaig ag teacht agus bhí na páistí _____.
2. Dé Sathairn, bhí an ionad siopadóireachta _____.
3. Nuair a bhuaigh an fhoireann an cluiche bhí siad _____.
4. Bhí Oisín _____ ar a chéad lá ar scoil.
5. Lá grianmhar a bhí ann agus bhí an pháirc _____.
6. Bhí Oisín ag crith sa seomra feithimh mar bhí sé _____.

⭐ Scríobh na nathanna thuas in abairtí.

An scoil

E. Comhrá.

Liam: Ar chuala tú cad a tharla ag an dráma aréir?
Sinéad: Níor chuala. Inis dom!
Liam: Bhuel, ar dtús dhoirt Aoife uisce ar an stáitse.
Sinéad: Ó mo léan… lean ar aghaidh.
Liam: An cuimhin leat go raibh Seán agus Síofra gléasta mar bhó?
Sinéad: Is cuimhin.
Liam: Bhuel, sciorr Síofra ar an uisce agus thit sí ar an stáitse. Leis sin thit Seán bocht freisin!
Sinéad: Ó, tá sé sin go huafásach! Seán agus Síofra bocht!
Liam: Ansin stróic an feisteas agus thit an bheirt acu amach as. Thosaigh gach duine ag gáire.
Sinéad: Ó, tá sé sin thar a bheith greannmhar! Is mór an trua nach raibh mé ann.

F. Ar chuala tú?

1. Ar chuala tú _____?

2. Ar chuala tú go bhfuil _____?

3. Ar chuala tú gur bhris _____?

4. _____?

5. _____?

an tintreach agus an toirneach	an scór
Liam a chos	An Nuacht	Seán tinn

An dráma scoile

G. Ceisteanna agus freagraí.

An raibh…?   Bhí…   Ní raibh…

An raibh tú ag an gcluiche aréir?
Ní raibh. Bhí mé sa bhaile mar bhí mé tinn.

1. An raibh Seán ar scoil inné?
   _____

2. An raibh obair bhaile ag na páistí aréir?
   _____

3. _____ corpoideachas ag Oisín inné?
   _____

4. _____ Magda gléasta mar mhuc sa dráma?
   _____

5. _____ sa chlós?
   Ní raibh. Bhí an t-aonach ar siúl sa halla spóirt.

Cuir na ceisteanna ar do chara.

1. An raibh tú ag dráma riamh?
   _____

2. An raibh dinnéar blasta agat inné?
   _____

3. _____ feisteas ort Oíche Shamhna?
   _____

4. _____ tú ag cluiche peile riamh?
   _____

5. _____ cóisir agat ar do lá breithe?
   _____

An scoil

H. Gramadach: An forainm réamhfhoclach 'do'.

do	dom (mé)	duit (tú)	dó (sé)	di (sí)
Inis **do** Shinéad cad a tharla.	Inis **dom** cad a tharla.	Inseoidh mé **duit** cad a tharla.	Inis **dó** cad a tharla.	Inis **di** cad a tharla.

1. Inis _____ cad a tharla ag an dráma aréir. (mé)
2. Síofra is ainm _____. (sí)
3. Tabhair _____ an feisteas. (Seán)
4. Dia _____! Fáilte romhat isteach! (tú)
5. Inis _____ an scéal faoin luch sa teach. (Mamó)
6. Thug an lucht féachana bualadh bos _____. (sé)

I. Na litreacha 'ea'. Cén focal é?

ea   a   b   f   g   i   ó   s

___n	gruaig _h__rr	l__b_	c_t__l

ag imirt l__d_ige	m___c	t_nn___ fiacaile	Tá ___r_ air.

Scríobh cúig abairt ag baint úsáid as na focail thuas.

69

An dráma scoile

J. Léigh scéal Liam.

Is mise **Liam**. Tá mé i **Scoil Naomh Muire**. Tá mé i **Rang a Ceathair**. An **Máistir de Búrca** is ainm do mo mhúinteoir.

Tosaíonn an scoil ar **a naoi a chlog** agus críochnaíonn sí ar **a fiche chun a trí**.

Taitníonn **mata** agus **eolaíocht** go mór liom. Is breá liom **corpoideachas** freisin. Ní thaitníonn **ceol** liom. Is fearr liom Dé Céadaoin ná Dé hAoine mar bíonn eolaíocht againn Dé Céadaoin agus bíonn ceol againn De hAoine.

K. Scríobh do scéal féin.

Is mise

Béarla   Gaeilge   mata   stair   tíreolaíocht   eolaíocht
corpoideachas   ceol   ealaín   drámaíocht

An scoil

L. Scríobh an scéal.

An cheolchoirm scoile

An Aoine seo caite _____
_____
_____
_____

ceolchoirm   Rang a Ceathair   ar siúl   halla
dubh le daoine   na páistí   ar bís   neirbhíseach

Bhí Síofra ag seinm _____
_____
_____
_____
_____
_____

an trumpa   an giotár   an pianó
an fheadóg stáin   an bosca ceoil   an fhidil
ag canadh

Thosaigh _____
_____
_____
_____

lucht féachana   ag bualadh bos
áthas an domhain   na páistí

71

09 An baile mór

Eiseamláirí

Cá bhfuil ___?	Téigh díreach ar aghaidh.
An bhfuil ___ in aice láimhe?	
Cas ar dheis / ar chlé (ag an___).	Tá sé ar dheis / ar chlé.

- Siopa Bréagán
- Siopa Sceallóg
- Teach Píotsa
- Búistéir
- oifig
- soilse tráchta
- crosbhealach
- Siopa Milseán
- Siopa Spóirt
- Caifé
- cúinne
- cosán
- bóthar

Siopadóireacht

- séipéal
- Siopa Éadaí
- Siopa Leabhar
- An tOllmhargadh
- Siopa Bróg
- Ceapairí & Cácaí
- Siopa Ceoil
- stad an bhus
- leoraí
- bus
- Cógaslann
- Oifig an Phoist
- ag ceannach
- ag díol
- binse
- málaí siopadóireachta

73

An baile mór

A. Léigh an scéal. Freagair na ceisteanna.

Téann an teaghlach isteach sa bhaile mór gach Satharn. Téann Daidí agus Mamaí díreach go dtí an t-ollmhargadh. Ceannaíonn siad bia le haghaidh an dinnéir. Is breá le hOisín dul leo. Faigheann sé borróg nó croissant i gcónaí.

Ach ní maith le Seán nó Síofra an t-ollmhargadh. Ceapann siad go bhfuil sé leadránach. Is fearr leo dul go dtí an siopa spóirt nó an siopa leabhar. Tar éis sin, caitheann siad a gcuid airgead póca i siopa beag milseán.

Uaireanta, bailíonn an teaghlach go léir isteach i gcaifé. Ólann siad seacláid the. Dúnann na siopaí ar a sé a chlog agus téann an teaghlach abhaile.

1. Cá dtéann an teaghlach gach Satharn?
   Téann _____

2. Cé a dhéanann an tsiopadóireacht san ollmhargadh?
   Déanann _____

3. Cad a fhaigheann Oisín san ollmhargadh?
   Faigheann _____

4. Cén fáth nach maith le Seán agus Síofra an t-ollmhargadh?
   Ce _____

5. Cá gcaitheann Seán agus Síofra a gcuid airgead póca?
   Ca _____

6. Cad a dhéanann an teaghlach, uaireanta, sula dtéann siad abhaile?
   Té _____

Cá gcaitheann tú do chuid airgead póca?

Siopadóireacht

B. Comhrá.

Bean: Gabh mo leithscéal, an féidir leat cabhrú liom?
Mamaí: Is féidir, cinnte.
Bean: An bhfuil siopa leabhar in aice láimhe? Ba mhaith liom leabhar a cheannach do mo mhac.
Mamaí: Tá. Téigh díreach ar aghaidh agus cas ar dheis ag an gcrosbhealach.
Mamaí: Lean ort díreach ar aghaidh agus feicfidh tú an siopa leabhar. Tá sé ar clé in aice leis an mbanc.
Bean: Go raibh maith agat.
Mamaí: Tá fáilte romhat. Go n-éirí leat.

C. Cá bhfuil…?

| ← cas ar clé | ↑ téigh díreach ar aghaidh | → cas ar dheis |

Féach ar an bpóstaer ar leathanach 72 agus 73. Cuireann bean ceist ort. Tabhair treoracha di. Tá tú i do sheasamh **ag an gcaifé**.

Siopa Sceallóg
1. Gabh mo leithscéal, cá bhfuil an _____?
   Téigh _____ agus cas _____ ag an gcrosbhealach. Tá sé in aice leis an _____.

Siopa Bróg
2. Gabh mo leithscéal, an bhfuil _____ in aice láimhe?
   Tá. Téigh _____ agus cas _____.
   Tá sé _____.

Siopa Milseán
3. Gabh mo leithscéal, an bhfuil a fhios agat cá bhfuil an _____?
   Tá. _____.
   _____.

Cuir ceist ar do chara: Cá bhfuil…?

An baile mór

D. Scríobh an abairt mar is ceart.

1. (go dtí   Téann   oifig an phoist   gach Déardaoin   Mamó)
   _____
2. (an nuachtán   maidin   Mamaí   Ceannaíonn   gach) 
   _____
3. (leis an mbanc   Tá   an siopa leabhar   in aice) 
   _____
4. (an bus   Fágann   ar a   tar éis a   deich   leathuair) 
   _____
5. (stop   ag na   Níor   soilse tráchta   an leoraí) 
   _____
6. (Bíonn   sa mhargadh   éadaí   bean   ag díol   gach Satharn) 
   _____

E. Gramadach: Orduithe.

Uatha
Cas ar clé ag an gcúinne.
Cuir na málaí faoin staighre.

Iolra
Casaigí ar clé ag an gcúinne.
Cuirigí na málaí faoin staighre.

Ceangail na horduithe agus scríobh an abairt san uimhir iolra.

Lean — ar dheis ag an gcúinne.
Ól — leis an múinteoir.
Cas — **an bóthar**. → Leanaigí an bóthar.
Dún — na milseoga.
Ith — an doras.
Éist — an seacláid the.

Scríobh cúig ordú eile.

Siopadóireacht

F. Briathra: Aimsir Láithreach – an chéad réimniú.

Dún

Dún**aim**
Dún**ann** tú
Dún**ann** sé
Dún**ann** sí

Caith

Caith**im**
Caith**eann** tú
Caith**eann** sé
Caith**eann** sí

1. _____ ar a sé a chlog gach lá. (dún, na siopaí)
2. _____ mo chuid airgead póca gach Satharn. (caith, mé)
3. _____ an siopa gach oíche. (glan, sí)
4. _____ na héadaí ar an líne gach maidin. (cuir, bean)
5. _____ ceapairí agus cácaí. (díol, an bhialann)
6. _____ seacláid the sa chaifé gach Satharn. (ól, Daidí)

Scríobh cúig abairt ag baint úsáid as na briathra thuas.

An ndúnann?
Dúnann / **Ní** dhúnann.

An gcaitheann?
Caitheann / **Ní** chaitheann.

1. **An gcaitheann** Daidí am sa bhaile mór gach Satharn?
   Caitheann Daidí am sa bhaile mór gach Satharn.

2. An nglanann Mamaí an seomra folctha gach seachtain?
   _____

3. An bhfanann na páistí ag stad an bhus gach lá?
   _____

4. _____ oifig an phoist ar an Satharn?
   Ní dhúnann, dúnann sí ar an Domhnach.

5. _____?
   Caitheann na páistí éadaí spóirt ar an Luan.

An baile mór

G. Éist agus líon na bearnaí.

1. Gabh mo leithscéal, cá bhfuil an _____?
   Siúil síos an bóthar agus cas ar clé ag an _____

2. Gabh mo leithscéal, a gharda, cá bhfuil an _____?
   Tá sé in aice leis an _____

3. Gabh mo leithscéal, an bhfuil a fhios agat cá bhfuil an _____?
   Tá brón orm. Níl a fhios agam.

4. Gabh mo leithscéal, an bhfuil _____ in aice láimhe?
   Tá sé trasna an bhóthair ón _____

5. Gabh mo leithscéal, an bhfuil a fhios agat cá bhfuil an _____?
   Tá an siopa bróg in aice leis an _____

H. An ceann corr.

siopa éadaí   ~~an t-ollmhargadh~~   siopa bróg   siopa málaí

búistéir   siopa sceallóg   cógaslann   teach píotsa

bus   ~~rothar~~   leoraí   carr

siopa leabhar   caifé   siopa súnna   bialann

siopa bréagán   siopa spóirt   siopa éadaí   oifig an phoist

bóthar   séipéal   cosán   crosbhealach

Siopadóireacht

I. Dán.

I Lár an Bhaile Mhóir

I lár an bhaile mhóir,
Maidin Dé hAoine,
Leoraithe, busanna,
An áit dubh le daoine.

Ag díol is ag ceannach,
Na sráideanna lán,
Daoine ag brostú,
Ar an gcosán.

Ag tarraingt is ag brú,
Ag seasamh is ag ciúáil,
Beidh orm dul abhaile,
Chun ciúnas a fháil!

J. Na litreacha 'óg'. Roghnaigh an tús ceart.

| dall | pi | luch | báb | fead | panc | br | sceall |

_____óg    _____óg    _____óg 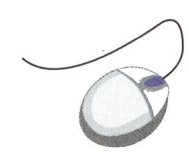   _____óg

_____óg    _____óg   _____óg    _____óg

Scríobh cúig abairt ag baint úsáid as na focail thuas.

10 An gadaí

Eiseamláirí

| ag iarraidh ___ a cheannach | An féidir liom cabhrú leat? |
| Cén praghas atá ar ___?
 Tá ___ euro ar ___. | Seo duit ___ euro / do shóinseáil. |

Tráthnóna amháin, shiúil Daidí, Síofra, Seán agus Tafaí go dtí an t-ionad siopadóireachta. Chuaigh Daidí agus Síofra isteach i siopa leictreonaice. D'fhan Seán taobh amuigh le Tafaí.

"Ó, tá siad seo go hiontach!"

Bhí ionadh ar Shíofra ag féachaint ar na ceamaraí de gach sórt. Ach nuair a chas sí timpeall, chonaic sí bean ag cur táibléad isteach ina mála. Ansin, shiúil an bhean ar luas lasrach go dtí an doras. Bhí uafás ar Shíofra.

"Céard tá ar siúl aici?"

Rith Síofra suas chuig an ngarda ag an doras. D'inis sí an scéal dó. Lean an garda agus Síofra an bhean.

Chonaic Tafaí Síofra ag teacht amach as an siopa. Rith Tafaí go dtí Síofra. Ní fhaca an bhean Tafaí ag teacht. Leag Tafaí an bhean. Thit sí tóin thar ceann ar an talamh. Thit fóin, táibléid, uaireadóirí agus ceamaraí amach as a mála.

"Stop an bhean sin!"

Rug an fear ar an mbean. 'Go raibh míle maith agat,' arsa an fear le Síofra. 'Is laoch thú, a Thafaí!' arsa Síofra. Thug gach duine ar an tsráid bualadh bos dó.

Siópadoireacht

A. Freagair na ceisteanna.

1. Cá ndeachaigh Daidí, Seán, Síofra agus Tafaí?
   Ch _____

2. Cén siopa ina raibh Daidí agus Síofra?
   Bhí _____

3. Cad a chuir an bhean ina mála?
   Ch _____

4. Cé a lean an bhean?
   Le _____

5. Cé a stop an bhean? Conas?
   St _____

6. Cad eile a bhí ina mála ag an mbean?
   Bhí _____

7. Cén t-am den bhliain a bhí ann? Cá bhfios duit?
   Am _____
   _____

⭐ An raibh tú i do laoch riamh? Cad a tharla?

B. Cad a tharla ansin?

81

An gadaí

C. Na mothúcháin.

uafás   ionadh   náire   imní   eagla

1. Nuair a chonaic Síofra an bhean ag cur táibléad isteach ina mála bhí **uafás** uirthi.

2. Nuair a chuala Seán go raibh luch sa teach bhí _____ air.

3. Nuair a sciorr an cailín ar an stáitse bhí _____ _____.

4. Nuair a bhí Oisín ar strae _____ _____ ar Mhamaí.

5. Nuair a chonaic Daidí na teilifíseáin de gach sórt sa siopa leictreonaice _____ _____ _____.

Scríobh na focail thuas in abairtí.

D. Cuir snas ar na habairtí.

Abairtí

Shiúil an bhean ~~go tapa~~ go dtí an doras.

Bhí ~~a lán~~ ceamaraí sa siopa leictreonaice.

Thit an gadaí ~~bunoscionn~~ ar an talamh.

Abairtí snasta

Shiúil an bhean ar luas lasrach go dtí an doras.

Bhí ceamaraí de gach sórt sa siopa.

Thit an gadaí tóin thar ceann ar an talamh.

1. Thit Oisín bunoscionn sa sneachta.
2. Rith mé trasna na páirce go tapa.
3. Bhí a lán cácaí sa chaifé.
4. Díolann an siopa éadaí a lán gúnaí.

1. _____
2. _____
3. _____
4. _____

Scríobh na nathanna thuas in abairtí.

Siópadóireacht

E. Comhrá.

Bean an tSiopa: Fáilte romhat isteach. An féidir liom cabhrú leat inniu?
Síofra: Is féidir, más é do thoil é. Tá mé ag iarraidh bronntanas a cheannach do mo mháthair.
Bean an tSiopa: Maith thú! Tá a lán rudaí deasa againn.
Síofra: Is maith liom an choinneal sin. Tá boladh álainn uaithi. Cén praghas atá uirthi?
Bean an tSiopa: Tá dhá euro déag ar an gcoinneal.
Síofra: Cad faoi na fáinní cluaise seo? An bhfuil siad níos daoire ná an choinneal?
Bean an tSiopa: Níos daoire. Tá fiche euro orthu.
Síofra: Ceannóidh mé an choinneal. Seo duit an t-airgead.
Bean an tSiopa: Seo duit do shóinseáil.
Síofra: Go raibh maith agat.
Bean an tSiopa: Fáilte romhat.

F. Scríobh an comhrá.

An féidir _____?

Is féidir, go raibh maith agat. Tá mé ag iarraidh scaif _____.

Cén _____ atá _____ an scaif seo?

Tá _____ air.

Ceannóidh mé é. Seo duit _____.

Seo duit do _____.

An gadaí

G. Gramadach: Na huimhreacha 1–100.

€1	euro amháin	€20	fiche euro
€2	dhá euro	€30	tríocha euro
€3	trí euro	€40	daichead euro
€4	ceithre euro	€50	caoga euro
€5	cúig euro	€60	seasca euro
€6	sé euro	€70	seachtó euro
€7	seacht euro	€80	ochtó euro
€8	ocht euro	€90	nócha euro
€9	naoi euro	€100	céad euro
€10	deich euro		

€15	€27	€51	€88
cúig euro déag	seacht euro is fiche	aon euro is caoga	ocht euro is ochtó

1. Cén praghas atá ar **chupán tae**? Tá **trí euro** air.

2. Cén praghas atá ar an leaba? Tá _____ air.

3. Cén praghas atá ar leabhar agus ar choinneal? Tá _____ orthu.

4. Cén praghas atá ar dhá uaireadóir? _____.

5. Cén praghas atá ar _____? Tá ocht euro air.

6. An bhfuil an binse níos daoire ná an feisteas? _____

7. An bhfuil an trampailín níos daoire ná an táibléad? _____

Tá fiche euro agat. Cé mhéad sóinseála a bheidh le fáil agat má cheannaíonn tú: a. Cúig úll agus mála plúir? b. Milseog, sailéad agus cupán tae? c. Cluasáin?

84

Siópadóireacht

H. Ceisteanna agus freagraí.

Cathain? | Cé? | Cad? | Cá?

Léigh tuairisc na ngardaí:

> Tráthnóna inné ar a trí a chlog, ghoid bean táibléad ón siopa leictreonaice.

1. **Cathain** a tharla sé?
   _____

2. **Cé** a ghoid rud?
   _____

3. **Cad** a ghoid sí?
   _____

4. **Cá** raibh sí?
   _____

⭐ Scríobh ceithre cheist ag baint úsáid as 'Cathain', 'Cé', 'Cad' agus 'Cá'.

I. Na litreacha 'ua'. Cuir na litreacha in ord.

ssua	cuals	ruaf	cuaáinls
_____	_____	_____	_____

ag luaadhsc	faoin uatth	ar sual lasrach	nchtuaán
_____	_____	_____	_____

⭐ Scríobh cúig abairt ag baint úsáid as na focail thuas.

85

An gadaí

J. Léigh liosta Liam agus líon na bearnaí.

Mamaí – seodra
Daidí – stocaí
Anna – leabhar
Lúsaí – bábóg
Daideo – cluiche cláir

Tá mé ag iarraidh seodra a cheannach do Mhamaí sa siopa seodra.

Tá mé ag iarraidh _____ a cheannach do Dhaidí sa siopa éadaí.

Tá mé ag iarraidh _____ a cheannach do mo dheirfiúr Anna sa siopa leabhar agus _____ do mo dheirfiúr Lúsaí sa siopa bréagán.

Tá mé ag iarraidh _____ a cheannach do mo Dhaideo sa siopa bréagán.

K. Scríobh do liosta féin.

Tá mé ag iarraidh _____

L. Scríobh do scéal féin.

An gadaí

lá amháin / maidin amháin   chuaigh
go dtí   bhí   an t-ionad siopadóireachta
siopa leictreonaice / siopa éadaí / leabhar
ionadh   ag féachaint   de gach sórt

chonaic   fear / bean   ag cur
fón / scaif / leabhar   ina m(h)ála   shiúil
ar luas lasrach   uafás   d'inis   scéal
siopadóir / garda

Lean   an siopadóir / garda   gadaí   rug
go raibh míle maith agat   laoch
áthas an domhain

87

Súil siar B

A. Briathra: Aimsir Chaite – briathra neamhrialta.

Beir — Rug / Níor rug
Tar — Tháinig / Níor tháinig 
Bí — Bhí / Ní raibh 
Clois — Chuala / Níor chuala 
Abair — Dúirt / Ní dúirt 
Déan — Rinne / Ní dhearna 
Ith — D'ith / Níor ith 
Feic — Chonaic / Ní fhaca 
Téigh — Chuaigh / Ní dheachaigh 
Tabhair — Thug / Níor thug 
Faigh — Fuair / Ní bhfuair 

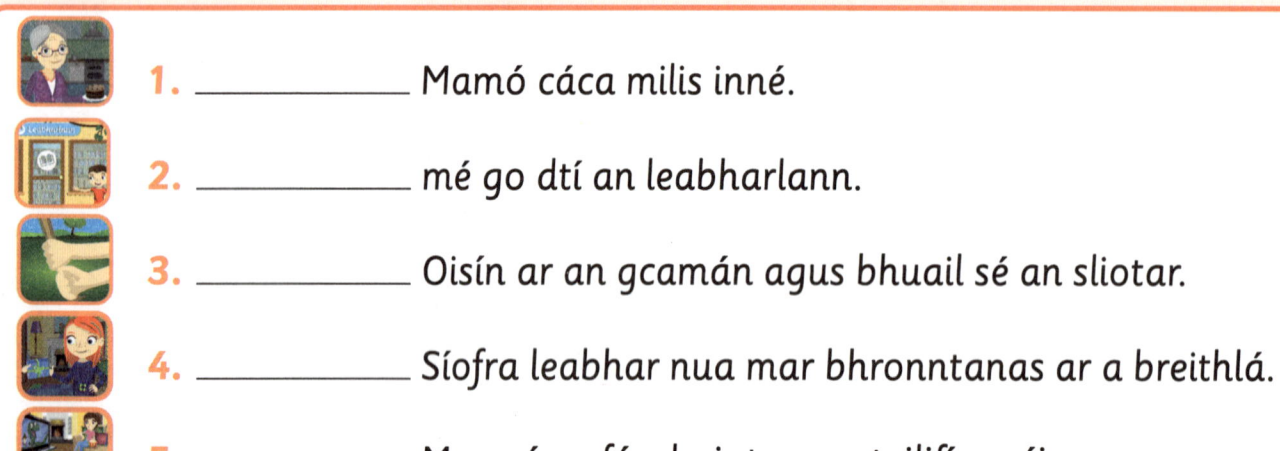

1. _____ Mamó cáca milis inné.
2. _____ mé go dtí an leabharlann.
3. _____ Oisín ar an gcamán agus bhuail sé an sliotar.
4. _____ Síofra leabhar nua mar bhronntanas ar a breithlá.
5. _____ Mamaí ag féachaint ar an teilifís aréir. 
6. _____ fear an phoist ar a deich a chlog ar maidin. 
7. _____ Síofra amhrán iontach ar an raidió. Thaitin sé léi. 
8. _____ an múinteoir go raibh sé in am dul abhaile. 
9. Níor _____ Mamaí brioscaí do Thafaí. 
10. Níor _____ Síofra a dinnéar mar bhí sí tinn. 
11. 'An _____ tú an cat sa chrann?' arsa Oisín. 

Scríobh na briathra thuas in abairtí.

Súil siar

B. Líon na bearnaí chun an scéal a chríochnú.

sórt	ealaín	gléasta	ar bís
Tar éis	seomra ranga	halla	cártaí
a bhí ann	ceol	d'ith	an múinteoir

Dé hAoine ___ _____ _____ agus bhí na páistí ar scoil. Bhí gach duine ___ _____ mar bhí an Nollaig ag teacht. Bhí crann Nollag sa _____ spóirt agus bhí maisiúcháin de gach _____ sa _____ _____.

Ar maidin, bhí _____ ag na páistí. Rinne siad _____ Nollag agus chroch siad suas iad. Ansin, bhí _____ acu. Chan siad carúil Nollag. _____ _____ lóin tháinig ___ _____ isteach _____ mar Dhaidí na Nollag. Chuir sé scannán ar siúl agus _____ na páistí milseáin. Bhí an-spraoi acu.

C. Scríobh.

Scríobh scéal faoin bpictiúr.

- Lá Nollag
- teaghlach
- sa seomra suite
- geansaí Nollag
- bronntanais
- leabhar
- ceamara
- ag tabhairt
- ag glacadh grianghraif
- ina chodladh faoin gcrann Nollag
- áthas an domhain

D. Seanfhocal.

Mol an óige agus tiocfaidh sí.

Tarraing pictiúr chun an seanfhocal seo a mhíniú.

89

11 An chulaith nua

Eiseamláirí

| Cad a cheapann tú de mo ___? | Caithim / Caitheann ___. |
| Tá ___ go hálainn / an-fhaiseanta / róbheag. | Bain díot ___ agus cuir ort ___. |

hata ard

mainicín

Nach mise atá go hálainn?

bríste

culaith ghalánta

róbheag

rógheal

Éadaí

- léine
- seaicéad
- rómhór
- róbhuí
- scáthán
- an siopadóir
- spéaclaí
- ciarsúr
- cuntar
- carbhat geal
- bróga faiseanta

An chulaith nua

A. Léigh an scéal. Freagair na ceisteanna.

Éiríonn Daidí ar a seacht a chlog gach maidin. Téann sé isteach sa seomra folctha. Níonn sé é féin sa chith. Léimeann sé amach agus cíorann sé a chuid gruaige. Ansin, cuireann sé a chuid éadaí air. A léine agus a gheansaí ar dtús, agus ansin, a bhríste. Ar deireadh, a stocaí agus a bhróga.

Ansin, téann sé síos an staighre. Isteach sa chistin leis agus déanann sé bricfeasta don teaghlach agus lón dó féin. Cuireann sé a bhosca lóin ina mhála agus amach leis.

Ar a bhealach amach, stopann sé chun féachaint sa scáthán arís. 'Nach mise atá go hálainn?' a deir sé leis féin.

1. Cén t-am a éiríonn Daidí gach maidin?
   Éi _____

2. Cad a dhéanann sé ar dtús sa seomra folctha?
   Ní _____

3. Cad a dhéanann Daidí nuair a léimeann sé amach as an gcith?
   Cí _____

4. Cén sórt éadaí a chuireann Daidí air féin?
   _____

5. Cad a dhéanann Daidí sa chistin?
   _____

6. An maith le Daidí a chuid éadaí? Cá bhfios duit?
   _____
   _____

Cad a dhéanann tusa gach maidin?

Éadaí

B. Comhrá.

Daidí: Féach ar an gculaith seo. Nach bhfuil sí an-fhaiseanta?
Seán: Nílim cinnte.
Síofra: Tá sí róbheag!

Daidí: Cad a cheapann tú den chulaith seo?
Seán: Ní maith liom é.
Síofra: Tá sí rógheal.

Daidí: Sin é!
Seán: Ní dóigh liom é.
Síofra: Ní oireann an dath sin duit.
Mamaí: Tá sí uafásach. Bain díot í agus cuir ort an chulaith sin.

Daidí: Bhuel?
Gach duine: Go hálainn! Go hiontach! Ar fheabhas ar fad!

C. Cad a cheapann tú de mo chuid éadaí nua?

galánta   an-fhaiseanta   go hálainn   go huafásach   rógheal

1. Cad a cheapann tú de **mo bhróga nua**?
   Is aoibhinn liom iad. Tá siad **an-fhaiseanta**.

2. Cad a cheapann tú de mo _____ nua?
   Nílim cinnte. Tá sé _____.

3. Cad a cheapann tú de mo _____ nua?
   Is maith liom é. Tá sé _____.

4. Cad a cheapann tú _____
   Is breá liom é. _____

5. Cad _____
   Ní maith liom é. _____

An chulaith nua

D. Scríobh abairtí.

Cad?	Cé?	Cad?	Cén sórt?	Cathain?
Caitheann	Seán Síofra Oisín Mamaí Daidí	blús bríste sciorta gúna seaicéad	mór dubh beag buí geal gorm faiseanta corcra bán ildaite	gach lá gach deireadh seachtaine

1. Caitheann Seán bríste gorm gach deireadh seachtaine.
2. _____
3. _____
4. _____
5. _____

E. Gramadach: Ró.

ró + h

Tá an chulaith seo beag.

Tá an chulaith seo **róbh**eag.

mór   daor   geal   fada   déanach

1. Níor cheannaigh Daidí an seaicéad mar bhí sé ró _____.

2. Bhain Síofra an geansaí di mar bhí sé ró _____.

3. Sciorr Oisín mar bhí a bhríste ró _____.

4. Dhún Mamaí a súile mar bhí an solas _____.

5. Bhí Seán _____. Dhún an siopa éadaí ar a cúig a chlog.

94

Éadaí

F. Briathra: Aimsir Láithreach – an dara réimniú.

Ceannaigh
Ceann**aim**
Ceann**aíonn** tú
Ceann**aíonn** sé
Ceann**aíonn** sí

Éirigh
Éir**ím**
Éir**íonn** tú
Éir**íonn** sé
Éir**íonn** sí

1. _____ go luath gach maidin. (éirigh, mé)
2. _____ seaicéad nua gach fómhar. (ceannaigh, tú)
3. _____ na cóipleabhar gach lá. (bailigh, an múinteoir)
4. _____ an bricfeasta gach Domhnaigh. (ullmhaigh, Daidí)
5. _____ de gheit gach uair a bhíonn toirneach ann. (dúisigh, Oisín)
6. _____ ag cur báistí gach trathnóna. (tosaigh, sé)

⭐ Scríobh cúig abairt ag baint úsáid as na briathra thuas.

An gceannaíonn?
Ceannaíonn / **Ní** **c**heannaíonn.

An éiríonn?
Éiríonn / **Ní** éiríonn.

1. **An gceannaíonn** Mamaí hata nua do Dhaidí gach Nollaig?
Ní cheannaíonn, ceannaíonn sí carbhat nua dó.

2. An éiríonn Seán ar a sé a chlog gach maidin?
_____

3. An dtosaíonn an scoil ar a naoi a chlog?
_____

4. _____ tú nuachtáin nó irisí sa siopa leabhar?
Ceannaím irisí i gcónaí.

An chulaith nua

G. Éist agus tarraing.

H. Ceangail.

dubh	beag
fuar	dorcha
mór	gearr
go hálainn	te
geal	go huafásach
fada	**bán**

⭐ Scríobh trí abairt ag baint úsáid as na focail thuas.

Éadaí

I. Dán.

An Maith Leat Éadaí?

Is breá liom faisean,
Gúnaí agus bróga,
Málaí agus cótaí,
Is sciortaí gleoite.

Cuireann sé an-áthas
Is gliondar ar mo chroí,
Dul ag siopadóireacht
I gcomhair éadaí.

Ní thuigim faisean
Caithfidh mé a rá.
Caithim an rud céanna
Gach uile lá.

Brístí, t-léine,
Agus bróga donn',
Éadaí agus faisean
Is cuma liom!

J. Na litreacha 'aí'. Roghnaigh an tús ceart.

éad | glas | gean | siop | spéac | gad | cárt | stoc

____ aí 
____ aí
s____ aí
____ aí

l____ aí
r____ aí
____ aí
____ aí 

Scríobh cúig abairt ag baint úsáid as na focail thuas.

97

12 Eachtra sa sneachta

Eiseamláirí

| Caithfidh tú ___ chur ort. | Cá bhfuil tú ag dul? Tá mé ag dul ___. |
| An mbeidh? Beidh / Ní bheidh. | Ní féidir leat ___. |

Dhúisigh Oisín go luath maidin amháin sa gheimhreadh. Bhí brat bán sneachta ar an talamh. Fuair Mamaí téacs ón scoil. Bhí an scoil dúnta. Lig na páistí béic áthais astu.

Ní chreidim é! DÚISÍGÍ!

Caithfidh sibh bhur gcótaí a chur oraibh.

Shocraigh Síofra, Seán agus Oisín dul suas an cnoc mór ar chúl na scoile. Stop Mamaí iad ag an doras. Bhí orthu buataisí, cótaí móra, lámhainní, scaifeanna agus hataí a chur orthu ar dtús.

Bhí an cnoc dubh le daoine. Shuigh Oisín ar mhála plaisteach agus ar aghaidh leis. Síos an cnoc leis ar luas lasrach. Ach níor stop sé ag bun an chnoic. Sciorr sé agus bhuail sé an crann.

Níl mé ábalta stopadh!

Beidh tú ceart go leor, a Oisín.

Rith Síofra ar ais go dtí an teach agus ghlaoigh sí ar Mhamaí. Bhí ceann Oisín ag cur fola. Bhí sé préachta leis an bhfuacht freisin. Chuir Mamaí blaincéad air agus ar aghaidh leo go dtí an t-ospidéal.

Chuir an dochtúir bindealán ar cheann Oisín. Ansin, thóg Mamaí abhaile é. Shuigh gach duine sa seomra suite ag ól seacláid the. Bhí sé an-fhuar amuigh ach bhí an teaghlach go deas teolaí istigh! Lá mór sneachta a bhí ann!

Lá mór sneachta!

Éadaí

A. Freagair na ceisteanna.

1. Cad a bhí ar an talamh nuair a dhúisigh Oisín ar maidin?
   Bh _____

2. Conas a bhí a fhios ag Mamaí go raibh an scoil dúnta?
   Fu _____

3. Cén fáth ar stop Mamaí na páistí ag an doras?
   Bh _____

4. Cá ndeachaigh na páistí?
   _____

5. Cad a tharla d'Oisín bocht?
   _____

6. Cad a rinne Síofra nuair a bhuail Oisín an crann?
   _____

7. Conas a mhothaigh Seán and Síofra, meas tú, nuair a bhuail Oisín an crann?
   Measaim go raibh _____

⭐ An raibh lá sneachta agat riamh? Cad a rinne tú?

B. Léigh agus tarraing.

Lá sneachta a bhí ann. Thóg na páistí fear sneachta sa ghairdín. Fuair siad bataí dá lámha, cairéad dá shrón agus clocha dá shúile agus dá bhéal. Fuair Seán hata ard, scaif agus lámhainní agus chuir sé ar an bhfear sneachta iad. 'Nach é atá go hálainn?' a dúirt siad.

Eachtra sa sneachta

C. Bun nó barr?

bun   barr

1. Chonaic mé éan ag _____ an chrainn.

2. D'fhan Daideo ag _____ an staighre.

3. Thit mo hata de mo cheann agus síos leis go dtí _____ an chnoic.

4. Sciorr mé ag _____ an chnoic.

5. D'fhág Daidí an ciseán ag _____ an staighre.

⭐ Scríobh ceithre abairt ag baint úsáid as 'bun' agus 'barr'.

D. Críochnaigh na habairtí.

préachta leis an bhfuacht   **go deas teolaí**

1. Chuir mé mo chóta nua orm agus bhí mé _____.
2. Rinne Seán dearmad ar a chóta agus bhí sé _____.
3. Nuair a thit mé sa sneachta bhí mé _____.
4. Bhí Mamó _____ ina suí os comhair na tine ina slipéir.
5. Chuaigh Oisín amach gan seaicéad air. Bhí sé _____ tar éis cúpla nóiméad.

⭐ Scríobh na nathanna thuas in abairtí.

Éadaí

E. Comhrá.

Mamaí: Cá bhfuil tú ag dul?
Oisín: Tá mé ag dul amach sa sneachta.
Mamaí: Ní féidir leat dul amach mar sin! Bain an seaicéad sin díot agus cuir ort do chóta!
Oisín: Á, a Mhamaí! Féach, tá an ghrian ag taitneamh!
Mamaí: Tá an ghrian ag taitneamh ach tá sé an-fhuar.
Oisín: Maith go leor. Cuirfidh mé mo chóta orm!
Mamaí: Caithfidh tú buataisí, hata, scaif agus lámhainní a chur ort freisin.
Oisín: Beidh mo chairde ag magadh fúm!
Mamaí: Ní bheidh, agus beidh tú go deas teolaí!

F. Críochnaigh na habairtí.

buataisí   spéaclaí gréine   pitseámaí
slipéir   geansaí peile   bróga peile 
léine   cóta báistí   cóta 
bríste   uachtar gréine   lámhainní 

1. Tá sé ag cur sneachta. Caithfidh tú **cóta** agus **lámhainní** a chur ort.
2. Tá sé ag cur báistí. Caithfidh tú _____ agus _____ a chur ort.
3. Tá an ghrian ag taitneamh. Caithfidh tú _____ _____ a chur ort.
4. Tá tú ag dul ar scoil. Caithfidh tú _____
5. Tá tú ag dul go dtí an leaba. _____
6. Tá tú ag imirt peile. _____

Eachtra sa sneachta

G. Ceisteanna agus freagraí.

An mbeidh...?   Beidh...   Ní bheidh...

An mbeidh sé ag cur sneachta amárach?
Ní bheidh. Beidh sé ag cur báistí.

1. An mbeidh Síofra ag dul go dtí an chóisir?
   _____

2. An mbeidh an teaghlach ag dul go dtí an phictiúrlann amárach?
   _____

3. _____ Seán ag imirt sa chluiche Dé Sathairn?
   _____

4. _____ sé grianmhar amárach?
   _____

5. _____
   Ní bheidh. Beidh t-léine dhearg air.

Cuir na ceisteanna ar do chara.

1. An mbeidh tú ag déanamh aon rud deas ag an deireadh seachtaine?
   _____

2. An mbeidh cóisir agat ar do bhreithlá i mbliana?
   _____

3. _____ tú ag dul ar saoire sa samhradh?
   _____

4. _____ a lán obair bhaile agat i Rang a Sé?
   _____

5. _____ tú ag dul go dtí na siopaí ag an deireadh seachtaine?
   _____

Éadaí

H. Gramadach: An forainm réamhfhoclach 'de'.

de	díom (mé)	díot (tú)	de (sé)	di (sí)
Bhain Mamaí an cóta **de** Sheán.	Bhain Mamaí an cóta **díom**.	Bhain Mamaí an cóta **díot**.	Bhain Mamaí an cóta **de**.	Bhain Mamaí an cóta **di**.

1. Bhain Síofra a slipéir _____. (sí)
2. Bhain Seán an blaincéad _____ mar bhí sé róthe sa leaba. (sé)
3. Bhain Mamó a hata _____. (sí)
4. Ar bhain tú do lámhainní _____? (tú)
5. Cheannaigh mé geansaí nua. Cad a cheapann tú _____? (sé)
6. Bainim mo chóta _____ gach lá agus crochaim suas é. (mé)

Scríobh ceithre abairt ag baint úsáid as na réamhfhocail thuas.

I. Na litreacha 'éa'. Cén focal é?

éa   a   c   d   l   s   r

___ ___ aí

b ___ ___

___ p ___ ___ ___ aí

t ___ ___ ___

___ air ___ ___

o ___ pi ___ ___ ___

ag ___ ___ mh

p ___ ___ cht ___ leis an bhfuacht

Scríobh cúig abairt ag baint úsáid as na focail thuas.

103

Eachtra sa sneachta

J. Déan cur síos ar na carachtair.

1. _____
2. _____
3. _____
4. _____

1. _____
2. _____
3. _____
4. _____
5. _____

carbhat   seodra   lámhainní   hata
fáinní cluaise   spéaclaí   gúna
bróga   scaif   seaicéad

ard   geal
galánta   ollmhór
dearg   bán
ildaite   órga
fada   faiseanta

Éadaí

K. Críochnaigh an scéal.

Ag teacht ar scoil ar maidin

Agus mé ag teacht ar scoil ar maidin, ní chreidfeá an rud a tharla!

Ar dtús, bhuail mé le fear agus a mhadra.
Bhí sé ag caitheamh _____
agus _____.
Bhí _____
agus _____ air.
Bhí _____
agus _____ ar a mhadra freisin.
Stop mé agus chuimil mé lámh ar an madra.

Ansin, bhuail mé le bean ag díol torthaí.
Bhí sí ag caitheamh _____
_____
_____
_____
Stop mé chun mála torthaí a cheannach.

Agus sin an fáth a bhfuilim déanach, a mhúinteoir.

Scríobh do scéal féin faoi dhaoine suimiúla a bhuail leat agus tú ag teacht ar scoil ar maidin.

13 An cluiche ríomhaire nua

Eiseamláirí

Tá an ___ ar fheabhas / leadránach / go hiontach.	Is fearr liom ___.
Ar mhaith leat dul ___?	Múch an teilifís.

- cluasáin
- ag ceiliúradh
- ag fanacht
- micreafón
- ag imirt
- consól
- rialtán

An teilifís

- callairí
- teilifís
- scáileán
- i bhfolach
- ag tafann
- ag tabhairt íde béil
- cluiche ríomhaire

An cluiche ríomhaire nua

A. Léigh an scéal. Freagair na ceisteanna.

Is aoibhinn liom cluichí ríomhaire! Imrím cluichí gach deireadh seachtaine ach níl cead agam iad a imirt i rith na seachtaine. Dé Sathairn agus Dé Domhnaigh, éirím go luath agus téim síos staighre. Ithim mo bhricfeasta go tapa agus cuirim an consól ar siúl. Imrím ar feadh uair nó dhó. Is breá liom cluichí a imirt ar líne le mo chairde ach ní éiríonn mo chairde go luath ar maidin.

Uaireanta, ag an deireadh seachtaine, téim féin agus mo chairde isteach sa bhaile mór. Téimid go dtí siopa cluichí ríomhaire. Bíonn cluichí de gach sórt ar díol ann. Féachaimid ar na cluichí nua agus bainimid triail astu. Uaireanta, má bhíonn airgead póca agam, ceannaím cluiche nua.

1. Cathain a imríonn Seán cluichí ríomhaire?
   Im _____

2. Cad a dhéanann Seán sula gcuireann sé an consól ar siúl?
   It _____

3. Cá fhad a imríonn Seán?
   Im _____

4. Cad a dhéanann Seán agus a chairde sa bhaile mór?
   _____

5. Cén fáth nach n-imríonn Seán ar líne lena chairde ar maidin?
   _____

6. Cén fáth nach gceannaíonn Seán cluiche nua gach deireadh seachtaine?
   _____
   _____

Cad a dhéanann tusa maidin Dé Sathairn?

An teilifís

B. Comhrá.

Seán: Tá an cluiche seo ar fheabhas. Féach an t-imreoir atá agam – tá sé go hiontach.
Liam: Tá an t-imreoir agamsa níos fearr. Há! An bhfaca tú é sin?! Ní féidir leatsa é sin a dhéanamh.
Síofra: Ní maith liom an cluiche sin. Tá sé leadránach. Is fearr liom cluichí damhsa.
Magda: Is fuath liomsa cluichí ríomhaire. Is fearr liom bheith ag súgradh taobh amuigh. Ar mhaith leat dul amach, a Shíofra?
Síofra: Ba mhaith, cinnte.
Mamaí: A Sheáin, tá an fhuaim ró-ard. Tá do dhinnéar réidh, ar aon nós. Múch an teilifís.
Seán agus Liam: Ááá!

C. Cad a cheapann tú den chluiche nua?

go hiontach   go huafásach   an-deacair
ró-éasca   leadránach   ar fheabhas

1. Tá an cluiche seo **ar fheabhas**.
2. Tá an cluiche seo _____ 
3. Tá _____ 
4. Tá _____ 
5. Tá _____ 
6. Tá _____

An cluiche ríomhaire nua

D. Scríobh an abairt mar is ceart.

1. (Seán   gach   Ní   cluichí ríomhaire   imríonn   lá)
   _____

2. (an teilifís   agus   Múch   suas   an bruscar   pioc)
   _____

3. (go hiontach   Tá   an   cluiche damhsa   seo)
   _____

4. (dul   cluichí ríomhaire   Ar mhaith   siopa   go dtí   leat   an)
   _____

5. (Oisín   gach   i bhfolach   oíche   an consól   Cuireann)
   _____

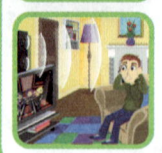

6. (Daidí   na callairí   mar   Mhúch   bhí   ró-ard   an fhuaim)
   _____

E. Gramadach: An forainm réamhfhoclach 'le'.

le	liom (mé)	leat (tú)	leis (sé)	léi (sí)
Is fearr **le** Síofra cluichí damhsa.	Is fearr **liom** cluichí peile.	Is fearr **leat** cluichí damhsa.	Is fearr **leis** cluichí ar líne.	Is fearr **léi** a bheith ag súgradh taobh amuigh.

1. An maith _____ cluichí damhsa? (tú)

2. Is fearr _____ a bheith ag imirt peile. (mé)

3. Ní féidir _____ cluichí ríomhaire a imirt i rith an seachtaine. (sé)

4. Is fuath _____ é nuair a bhíonn an fhuaim ró-ard. (sí)

5. Is fearr _____ féachaint ar an teilifís. (Oisín)

6. An bhfuil Oisín in éineacht _____? (tú)

Scríobh ceithre abairt ag baint úsáid as na réamhfhocail thuas.

An teilifís

F. Briathra: Aimsir Láithreach – an dara réimniú.

Ceangail

Ceanglaím
Ceanglaíonn tú
Ceanglaíonn sé
Ceanglaíonn sí

Oscail

Osclaím
Osclaíonn tú
Osclaíonn sé
Osclaíonn sí

Imir

Imrím
Imríonn tú
Imríonn sé
Imríonn sí

1. _____ an consól agus an teilifís. (ceangail, mé)
2. _____ an siopa gach maidin. (oscail, an fear)
3. _____ cluichí ríomhaire gach satharn. (imir, Seán)
4. _____ sa chlós ag am lóin. (imir, sí)
5. _____ cuirtíní Oisín gach maidin. (oscail, Mamaí)

⭐ Scríobh cúig abairt ag baint úsáid as na briathra thuas.

| **An g**ceanglaíonn? | **An** osclaíonn? | **An** imríonn? |
| Ceanglaíonn / **Ní** cheanglaíonn. | Osclaíonn / **Ní** osclaíonn. | Imríonn / **Ní** imríonn. |

1. **An gceanglaíonn** Seán an consól agus na callairí?
   Ní cheanglaíonn. Ceanglaíonn sé an consól agus an teilifís.

2. An imríonn Magda rugbaí?
   _____ Imríonn sí peil.

3. An imríonn tusa cluichí ríomhaire?
   _____

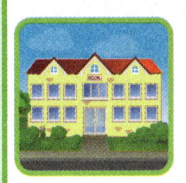

4. An osclaíonn do scoil ag an deireadh seachtaine?
   _____

An cluiche ríomhaire nua

G. Éist agus tarraing.

H. Ceangail

éasca	go huafásach
daor	**deacair**
go hiontach	leadránach
suimiúil	saor
áthas	ní maith liom…
is maith liom…	brón

⭐ Scríobh trí abairt ag baint úsáid as na focail thuas.

An teilifís

I. Dán.

Cluichí

Ní thuigim cén fáth
Ar chor ar bith,
Nach dtaitníonn cluichí
Le mo mhamaí.

Ní thuigeann sí an spraoi,
Is an chraic a bhaineann leo.
'Múch an bosca,' a deir sí
'Is cuir deireadh leis an ngleo!'

Le do thoil, a Mhamaí,
Cuir an bosca ar siúl,
Suigh síos in aice liomsa
Agus bain triail astu!

J. Na litreacha 'ao'. Cuir na litreacha in ord.

a n**ao**h

lá far**ao**g

r**ao**d

c**ao**ar

a i**ao**n

bh**ao**t amuigh

Scríobh cúig abairt ag baint úsáid as na focail thuas.

14 Cluichí ríomhaire leis na blianta

Eiseamláirí

Bhí ort ___.	Caithim ___ ag ___.
Tá ___ cosúil le ___.	An dtaitníonn ___ leat?
Tá / Níl cead agam ___.	Taitníonn / Ní thaitníonn ___ liom.

Daideo agus Mamó

Nuair a bhí Daideo agus Mamó óg, ní raibh aon chluichí ríomhaire ann. D'imir siad Monopoly, Scrabble agus Nathracha agus Dréimirí. Thaitin Monopoly go mór le Daideo.

Tháinig na chéad chluichí ríomhaire amach sna 1970í. Pong an t-ainm a bhí ar chluiche amháin. Cluiche an-simplí a bhí ann. Bhí sé cosúil le cluiche peile.

Chaith mé oícheanta fada ag imirt Monopoly.

Is breá liom Space Invaders fós!

Daidí agus Mamaí

Nuair a bhí Daidí agus Mamaí óg, d'imir siad cluichí ríomhaire san ionad siopadóireachta. Thaitin Space Invaders go mór le Mamaí. Bhí ort na Space Invaders go léir a bhualadh. Thaitin Pac-man le Daidí. Tháinig an cluiche sin amach i 1980. Bhí an-ocras ar an Pac-man agus d'ith sé gach rud ar an scáileán sa chluiche.

Seán agus Síofra

Anois tá cluichí ríomhaire de gach sórt ann. Imríonn daoine cluichí ar chonsól. Bíonn cluichí ag daoine ar a gcuid fón cliste freisin. Is aoibhinn le Seán agus Síofra Minecraft. Tá sé cosúil le cluiche Lego. Taitníonn cluichí damhsa go mór le Síofra freisin. Uaireanta imríonn siad ar líne lena gcairde.

Anois tá cluichí ríomhaire i ngach áit!

An teilifís

A. Freagair na ceisteanna.

1. Cad iad na cluichí a d'imir Mamó agus Daideo nuair a bhí siad óg?
   D'i _____

2. Cathain a tháinig an cluiche Pong amach?
   Th _____

3. Cén áit ar imir Daidí agus Mamaí cluichí ríomhaire?
   D'i _____

4. Cad a tharla sa cluiche Pac-man?
   _____

5. Cén sórt cluichí a thaitníonn le Síofra?
   _____

6. Conas a imríonn Seán agus Síofra cluichí ríomhaire lena gcairde?
   _____

7. An cuimhin leat an chéad chluiche ríomhaire a d'imir tú? Cén t-ainm a bhí air?
   _____

⭐ Cén cluiche ríomhaire is fearr leatsa? Scríobh trí abairt faoi.

B. Fíor nó bréagach?

1. Bhí a lán cluichí ríomhaire ann nuair a bhí Mamó agus Daideo óg. ☐
2. Bhí Pong cosúil le cluiche peile. ☐
3. Thaitin Space Invaders go mór le Mamaí nuair a bhí sí óg. ☐
4. Tháinig Pac-man amach i 1962. ☐
5. Níl a lán cluichí ríomhaire difriúla ann inniu. ☐
6. Inniu, imríonn páistí cluichí ríomhaire ar líne. ☐
7. Tá Minecraft cosúil le cluiche Lego. ☐

115

Cluichí ríomhaire leis na blianta

C. Bhí ort …

a dhéanamh | a bhailiú | a bhualadh | a ithe | a mhúchadh

1. **Bhí ort** na Space Invaders go léir **a bhualadh**.

2. **Bhí air** gach rud ar an scáileán _____ _____.

3. _____ **uirthi** an obair bhaile _____ _____.

4. _____ _____ an teilifís _____ _____ ag a hocht a chlog.

5. _____ _____ na cóipleabhair _____ _____.

⭐ Críochnaigh abairt fút féin: 'Bhí orm _____.'

D. Tá sé cosúil le …

1. Tá Pong **cosúil le** cluiche peile.

2. Tá Minecraft _____ _____ cluiche Lego.

3. Tá sciorta Magda _____ _____ sciorta Shíofra.

4. Tá an madra seo _____ _____ Tafaí.

5. Tá mála Liam _____ _____ _____ _____.

6. Tá léine Dhaidí _____ _____ _____ _____.

⭐ Scríobh d'abairt féin ag baint úsáid as 'cosúil le'.

An teilifís

E. Comhrá.

Orlaith: An dtaitníonn cluichí ríomhaire leat?
Liam: Taitníonn siad go mór liom.
Orlaith: Cén cluiche is fearr leat?
Liam: Is aoibhinn liom FIFA.
Orlaith: Cad faoi Minecraft?
Liam: Ceapaim go bhfuil an cluiche sin leadránach.
Orlaith: Cathain a imríonn tú cluichí?
Liam: Imrím cluichí gach oíche nuair a bhíonn an obair bhaile déanta agam.
Orlaith: An imríonn – dáiríre? Níl cead agamsa cluichí a imirt i rith na seachtaine.
Liam: Níl cead agam ach leathuair a chaitheamh ag imirt i rith na seachtaine, áfach! Ach caithim uair nó dhó ag an deireadh seachtaine.

F. Caithim … ag …

| Caithim | fiche nóiméad
leathuair
uair amháin
dhá uair
uair nó dhó
cúpla uair | ag imirt
ag déanamh
ag ithe
ag súgradh
ag féachaint | ar an teilifís
peile
mo dhinnéir
mo chuid obair bhaile
le mo chairde | gach lá.
gach oíche
gach tráthnóna
gach deireadh seachtaine. |

1. Caithim fiche nóiméad ag ithe mo dhinnéir gach tráthnóna.
2. _____
3. _____
4. _____
5. _____

Cluichí ríomhaire leis na blianta

G. Ceisteanna agus freagraí.

An dtaitníonn...?   Taitníonn... 👍   Ní thaitníonn... 👎

An dtaitníonn cluichí ríomhaire leat?
Ní thaitníonn. Tá siad leadránach.

1. An dtaitníonn scannáin leat?
_____
2. An dtaitníonn cluichí ríomhaire damhsa leat? 
_____
3. An dtaitníonn an tIdirlíon leat? 
_____
4. An dtaitníonn an Xbox leat? 
_____
5. An dtaitníonn YouTube leat?
_____

Cuir na ceisteanna ar do chara.

1. An dtaitníonn an teilifís leat? 
_____
2. An dtaitníonn *An Nuacht* leat? 
_____
3. _____ cláracha ceoil leat? 
_____
4. _____ cartúin leat? 
_____
5. _____ cláracha spóirt leat?
_____

An teilifís

H. Gramadach: An forainm réamhfhoclach 'ag'.

ag	agam (mé)	agat (tú)	aige (sé)	aici (sí)
Tá cluiche ríomhaire **ag** Seán.	Tá táibléad **agam**.	Tá consól **agat**.	Tá fón cliste **aige**.	Tá teilifís nua **aici**.

1. Tá beirt dheirfiúracha _____ . (mé)
2. Thit Oisín ina chodladh agus an rialtán ina lámh _____ . (sé)
3. Tá pian ina bolg _____ . (Síofra)
4. Is aoibhinn le Magda Dé Máirt mar bíonn corpoideachas _____ . (sí)
5. Taitníonn spórt go mór le Seán. Tá suim _____ sa pheil rugbaí. (sé)
6. 'Tá an ceart _____ ,' arsa an múinteoir. (tú)

Scríobh ceithre abairt ag baint úsáid as na réamhfhocail thuas.

I. Na litreacha 'io'. Cén focal é?

io a n r s

_ _ p _

l _ _ _ t _

g _ tá _

_ c _ rr sí

_ c _ _ _ t _

gruaig fh _ _ n _

_ _ _ ad _ _ p_dóireachta

p _ rr _

Scríobh cúig abairt ag baint úsáid as na focail thuas.

119

Cluichí ríomhaire leis na blianta

J. Léigh scéal Orlaith agus scéal Magda.

Is mise Orlaith. **Taitníonn** cluichí ríomhaire go mór liom. Ceapaim go bhfuil siad ar fheabhas. Tá Xbox agus táibleád agam. Is aoibhinn liom Minecraft agus Sims.

Níl cead agam cluichí a imirt i rith na seachtaine. Caithim cúpla uair ag imirt ag an deireadh seachtaine. Is breá liom cluichí a imirt ar líne le mo chairde.

Is mise Magda. **Ní thaitníonn** cluichí ríomhaire liom ar chor ar bith. Ceapaim go bhfuil siad leadránach.

Tá táibléad agam agus is breá liom éisteacht le ceol air. Is maith liom féachaint ar fhíseáin ar líne freisin. Ach, is fearr liom a bheith ag súgradh agus ag caint le mo chairde.

An teilifís

K. An maith leat cluichí ríomhaire? Scríobh do scéal féin.

Cluichí ríomhaire

taitníonn	go hiontach	cluichí ríomhaire	i rith na seachtaine
ní thaitníonn	go huafásach	táibléad	ag an deireadh
is aoibhinn liom…	leadránach	fón (cliste)	seachtaine
is fuath liom…	suimiúil	Xbox	gach oíche / lá
is fearr liom…		Playstation	ar feadh
ceapaim go bhfuil	go mór	cluichí peile	fiche nóiméad
caithim	ar chor ar bith	cluichí spóirt	leathuair
imrím		cluichí damhsa	uair amháin
tá / níl cead agam		cluichí carranna	uair nó dhó
		ar líne	cúpla uair
		físeán	
		ceol	

121

15 Na séasúir

Eiseamláirí

San earrach / sa samhradh / san fhómhar / sa gheimhreadh, bíonn ____.
B'fhéidir go mbeidh ____.

- bó agus lao
- caora agus uan
- ag cur síolta
- báisteach ag titim
- lacha
- scamallach
- duilleoga ag titim
- scioból
- ag treabhadh
- an ghaoth ag séideadh go láidir
- torthaí agus glasraí

122

An aimsir

faoi dhuilliúr

an ghrian ag spalpadh anuas

feirmeoir

ag fás

barra

lochán

ag cur sneachta

lom

féar

tarracóir

brat bán sneachta ar an talamh

leac oighir

123

Na séasúir

A. Léigh an scéal. Freagair na ceisteanna.

Na séasúir ar an bhfeirm

San earrach, titeann báisteach go minic ach ní bhíonn sé rófhuar. Cuireann Uncail Mícheál na síolta. Bíonn laonna agus uain ag léim sna páirceanna.

Sa samhradh, bíonn sé te. Bíonn an ghrian ag spalpadh anuas go minic. Fásann na barra. Fásann na hainmhithe freisin. Tugann Uncail Mícheál aire dóibh.

San fhómhar, éiríonn sé níos fuaire. Titeann na duilleoga de na crainn. Cuireann Uncail Mícheál agus Aintín Máire a gcótaí agus a scaifeanna orthu arís. Bailíonn siad na torthaí agus na glasraí. Bíonn Uncail Mícheál an-ghnóthach ag treabhadh na bpáirceanna freisin.

Sa gheimhreadh, bíonn sé an-fhuar. Anois is arís titeann sneachta agus bíonn brat bán sneachta ar an talamh. Uaireanta bíonn leac oighir ann freisin. Cuireann Uncail Mícheál na hainmhithe go léir sa scioból. Tugann sé féar dóibh.

1. Cén sórt ainmhithe a bhíonn sna páirceanna san earrach?
   Bí _____

2. Cad a dhéanann Uncail Mícheál san earrach?
   Cu _____

3. Cad a fhásann sa samhradh?
   Fá _____

4. Cad a dhéanann Uncail Mícheál agus Aintín Máire san fhómhar?
   _____

5. Cén sórt aimsire a bhíonn ann sa gheimhreadh?
   _____

6. Cén fáth, meas tú, a gcuireann Uncail Mícheál na hainmhithe sa scioból sa gheimhreadh?
   Measaim go gcuireann _____
   _____

Cén séasúr is fearr leat féin? Cén fáth?

An aimsir

B. Comhrá.

Síofra: Euch… tá tú ag cur allais, a Sheáin. Cad a bhí ar siúl agat?
Seán: Bhí mé ag cabhrú le hUncail Micheál. Bhíomar ag cur síolta. Bhí sé an-te amuigh faoin ngrian.
Síofra: Tá sé an-ghrianmhar inniu. Cuir t-léine ort.
Seán: Ach féach ar na scamaill. B'fhéidir go mbeidh báisteach ann.
Síofra: B'fhéidir é. Cá bhfuil Oisín?
Seán: Níl a fhios agam. B'fhéidir go bhfuil sé ag iascaireacht fós.
Tar éis tamaill …
Síofra: A Oisín, cad a bhí ar siúl agat? Tá tú fliuch báite!
Oisín: Bhí mé ag iascaireacht agus thit mé isteach san abhainn. Tá mé préachta leis an bhfuacht!

C. B'fhéidir go mbeidh …

stoirm    sneachta    báisteach    bogha báistí

1.  **Seán:** Féach ar na scamaill dhorcha sa spéir.
   Síofra: B'fhéidir go mbeidh _____ ann.

2.  **Oisín:** Éist leis an ngaoth ag séideadh go láidir.
   Mamaí: B'fhéidir go mbeidh _____ _____ .

3.  **Daidí:** Tá mé préachta leis an bhfuacht.
   Mamó: B'fhéidir _____

4.  **Liam:** Tá an bháisteach stoptha agus tá an ghrian ag spalpadh anuas.
   Magda: _____

Féach amach an fhuinneog. Cén sórt aimsire atá ann inniu?

Na séasúir

D. Scríobh na habairtí.

1. Tá an [crann] ag séideadh agus tá na [duilleoga] ag titim.
   Tá an **ghaoth** ag séideadh agus tá na **duilleoga** ag titim.

2. Tá sé [girl shivering] agus tá [ice] ar an talamh.
   _____

3. Itheann an [caora] agus an t-[uan] [boscaí].
   _____

4. Sa samhradh bíonn an [grian] ag taitneamh agus fásann na [plandaí].
   _____

5. San earrach cuireann [feirmeoir] na [síolta] agus bíonn [uain] sna [páirceanna].
   _____

E. Gramadach: An forainm réamhfhoclach 'ar'.

ar	**orm** (mé)	**ort** (tú)	**air** (sé)	**uirthi** (sí)
Tá cóta **ar** Shíofra.	Tá cóta mór **orm**.	Tá cóta deas **ort**.	Tá cóta gorm **air**.	Tá cóta deas teolaí **uirthi**.

1. Bhí imní _____ nuair a chuala **mé** an ghaoth ag séideadh go láidir.
2. Chuir **Síofra** a cóta _____ mar bhí sí préachta leis an bhfuacht.
3. Bhí **Oisín** ag obair an lá ar fad agus bhí tuirse an domhain _____.
4. Tá **tú** préachta leis an bhfuacht. An bhfuil scaif _____ ?
5. Tá slaghdán _____ **Sheán** mar níor chuir sé a chóta _____ inné.
6. Bhí **Uncail Mícheál** an-ghnóthach. Bhí _____ na barra a bhailiú.

An aimsir

F. Briathra: Aimsir Láithreach – briathra neamhrialta.

Beir	Clois	Ith	Tabhair	Tar
Beir**im**	Clois**im**	Ith**im**	Tug**aim**	Tag**aim**
Beir**eann** tú	Clois**eann** tú	Ith**eann** tú	Tug**ann** tú	Tag**ann** tú
Beir**eann** sé	Clois**eann** sé	Ith**eann** sé	Tug**ann** sé	Tag**ann** sé
Beir**eann** sí	Clois**eann** sí	Ith**eann** sí	Tug**ann** sí	Tag**ann** sí

1. _____ ar lámh Mhamaí ag dul ar scoil gach lá. (beir, Oisín)
2. _____ gach lá ar a deich a chlog. (tar, fear an phoist)
3. _____ mo dhinnéar ar a sé a chlog gach lá. (ith, mé)
4. _____ milseáin do na páistí gach Satharn. (tabhair, Mamó)
5. Nuair a _____ toirneach tosaíonn sé ag crith. (clois, Tafaí)

⭐ Scríobh cúig abairt ag baint úsáid as na briathra thuas.

An **m**beireann?	An **g**cloiseann?	An itheann?	An **d**tugann?	An **d**tagann?
Beireann / **Ní** b**h**eireann.	Cloiseann / **Ní** c**h**loiseann.	Itheann / **Ní** itheann.	Tugann / **Ní** t**h**ugann.	Tagann / **Ní** t**h**agann.

👎 1. **An gcloiseann** tú Tafaí ag tafann san oíche?
   Ní chloisim.

👎 2. An itheann Oisín glasraí ag am dinnéir?
   _____

👍 3. An dtugann tú bronntanais do Mhamó gach Nollaig?
   _____

👍 4. _____ Seán ar an liathróid go minic i gcluiche peile?
   Beireann.

👎 5. _____
   Ní thagann. Tagann sé abhaile ar a sé a chlog.

127

Na séasúir

G. Éist agus tarraing nó scríobh.

Am	Dé Luain	Dé Máirt	Dé Céadaoin	Déardaoin	Dé hAoine
Ar maidin	grianmhar				
Sa tráthnóna					

grianmhar	fuar	ag cur báistí	leac oighir
ag cur sneachta		gaofar	scamallach

H. An ceann corr.

- fuar   leac oighir   brat bán sneachta ar an talamh   ~~grianmhar~~
- te   ag cur sneachta   grianmhar   an ghrian ag spalpadh anuas
- an ghrian ag taitneamh   fliuch   báisteach ag titim   scamallach
- gaofar   grianmhar   na duilleoga ag titim   an ghaoth ag séideadh
- barra ag fás   sneachta   crainn faoi dhuilliúr   ainmhithe ag fás
- bó   lochán   caora   lacha

⭐ Féach cé mhéad focal is féidir leat a dhéanamh as na focail seo: 'brat bán sneachta ar an talamh'.

An aimsir

I. Dán.

An Aimsir

Sneachta, báisteach,
Gaoth is fuacht,
Sin an Aimsir,
Tar éis na Nuacht'.

Clocha sneachta,
Sioc is ceo,
An bhfaighidh muid,
Aimsir mhaith go deo?

Tá mé bréan breoite,
Is tá mé tuirseach tinn,
Den aimsir seo in Éirinn,
Is fuath liom í!

Slán leis an mbáisteach,
Agus leis an sneachta go deo,
Tá mé ag bogadh
Go dtí na tíortha teo.

J. Na litreacha 'éi'. Cuir na litreacha in ord.

| séit | lneéi | éipnt | ag mléi |

| séipr | siplréi | spéiléa | ag sdéieadh |

Scríobh cúig abairt ag baint úsáid as na focail thuas.

16 An aimsir ar fud an domhain

Eiseamláirí

Conas a bhí / a bhíonn an aimsir?	Bhí / Bíonn an aimsir go hálainn / go dona / fliuch / grianmhar.
i rith an gheimhridh / an tsamhraidh / an lae / na hoíche	go minic, anois is arís

Éire

Bíonn aimsir bhog againn in Éirinn. Bíonn an geimhreadh níos fuaire ná an samhradh. Ach ní bhíonn sé an-te ná an-fhuar. Titeann báisteach go minic agus titeann sneachta anois is arís. Uaireanta bíonn stoirmeacha móra againn sa gheimhreadh. Uaireanta bíonn tintreach agus toirneach ann freisin.

An tAntartach

Is é an tAntartach an áit is fuaire ar domhan. Ní fhásann móran plandaí ann. Feiceann tú piongainí, rónta agus míolta móra ann. Bíonn an talamh reoite agus bíonn leac oighir ar fud na háite. I rith an gheimhridh bíonn an lá an-dorcha agus i rith an tsamhraidh bíonn sé an-gheal.

An Sahára

San Afraic atá an Sahára. Is é an Sahára ceann de na háiteanna is teo ar domhan. Bíonn sé an-te i rith an lae ach éiríonn sé an-fhuar i rith na hoíche. Ní thiteann báisteach ann go minic. Bíonn sé an-tirim ach fásann plandaí beaga sa Sahára. Feiceann tú camaill ann.

An Amasóin

Tá an fhoraois bháistí is mó ar domhan san Amasóin. Bíonn sé fliuch ó cheann ceann na bliana. Fásann go leor plandaí ann. San Amasóin a dhéantar fiche faoin gcéad d'ocsaigin an domhain. Feiceann tú a lán éan, nathracha agus moncaithe san fhoraois bháistí.

An aimsir

A. Freagair na ceisteanna.

1. Cén sórt aimsire a bhíonn againn in Éirinn?
   Bí _____

2. Cad iad na hainmhithe a fheiceann tú san Antartach?
   Fe _____

3. Cathain a bhíonn an lá an-gheal san Antartach?
   Bí _____

4. Cá háit a bhfuil ceann de na háiteanna is teo ar domhan?
   _____

5. Cén t-ainmhí a fheiceann tú sa Sahára?
   _____

6. Scríobh trí rud atá fíor faoin Amasóin.
   _____

7. Cén fáth, meas tú, nach bhfásann a lán plandaí san Antartach?
   Measaim nach bhfásann _____
   _____

⭐ Ar mhaith leat cuairt a thabhairt ar an Sahára, ar an Amasóin nó ar an Antartach? Cén fáth?

B. Ceangail.

Bíonn an aimsir an-te agus tirim. Ní thiteann a lán báistí ann. Bíonn camaill ann.	Éire
Bíonn an aimsir bog. Ní bhíonn sé an-te ná an-fhuar. Bíonn sé ag cur báistí go minic.	An tAntartach
Bíonn an aimsir an-fhliuch. Tá an fhoraois bháistí is mó ar domhan ann. Feictear a lán ainmhithe difriúla ann.	An Sahára
Bíonn an aimsir an-fhuar. Bíonn leac oighir ann. Ní fhásann a lán plandaí ann.	An Amasóin

An aimsir ar fud an domhain

C. Críochnaigh na habairtí.

i rith…

|  an earraigh |  an tsamhraidh |  an fhómhair |
|  an gheimhridh | an lae |  na hoíche |

1. Uaireanta bíonn sneachta againn in Éirinn i rith _____.
2. Bíonn sé an-te sa Sahára i rith _____.
3. Bíonn na feirmeoirí ag cur na síolta _____.
4. Bailíonn na feirmeoirí na barra _____.
5. Bíonn sé níos teo _____ ná i rith an gheimhridh.
6. Ní dheachaigh Oisín ar scoil inniu mar bhí sé tinn _____.

⭐ Scríobh trí abairt ag baint úsáid as 'i rith …'.

D. Cé chomh minic?

An aimsir in Éirinn

go minic

_____
_____
_____
_____

anois is arís

_____
_____
_____
_____

Bíonn an ghrian ag taitneamh.   Bíonn sé scamallach.
Titeann sneachta.   Bíonn sé gaofar.   Titeann báisteach.
Bíonn toirneach agus tintreach ann.   Bíonn leac oighir ann.
Bíonn sé an-te.

An aimsir

E. Comhrá.

Agallóir: A Shíofra, an ndeachaigh tú ar laethanta saoire anuraidh?
Síofra: Chuaigh mé go Gaillimh. D'fhan mé cois farraige.
Agallóir: Conas a bhí an aimsir?
Síofra: Bhí an aimsir go dona an chéad seachtain. Bhí sé scamallach agus an-fhliuch.
Agallóir: An raibh sé scamallach an t-am ar fad?
Síofra: Ní raibh. Bhí an dara seachtain i bhfad níos fearr. Bhí an ghrian ag spalpadh anuas gach lá.
Agallóir: Cad a rinne tú i rith an lae?
Síofra: Chuamar ag spraoi ar an trá an tseachtain ar fad.
Agallóir: Ar bhain tú taitneamh as na laethanta saoire?
Síofra: Bhain mé an-taitneamh astu.

F. Conas a bhí an aimsir ar do laethanta saoire?

1. Chuaigh Liam go dtí an Spáinn ar a laethanta saoire.

   Bhí sé **te** agus **tirim**.
   Bhí **an ghrian ag spalpadh** anuas an t-am ar fad.

2. Chuaigh Magda go dtí an Fhrainc ar a laethanta saoire.

   Bhí sé _____ agus _____.
   Bhí _____.

3. Chuaigh Daithí go Ciarraí ar a laethanta saoire.

   Bhí sé _____ agus _____.
   Bhí _____.

4. Chuaigh Orlaith go Meiriceá ar a laethanta saoire.

   Bhí sé _____ agus _____.
   Bhí _____.

An aimsir ar fud an domhain

G. Gramadach: Na céimeanna comparáide.

te	níos teo	fuar	níos fuaire
beag	níos lú	mór	níos mó
sean	níos sine	óg	níos óige

1. Tá Síofra **óg** ach tá Oisín **níos óige**.

2. Bíonn an fómhar _____ ach bíonn an geimhreadh _____ _____.

3. Tá an t-ollmhargadh _____ ach tá an t-ionad siopadóireachta _____ _____.

4. Tá Mamó _____ ach tá Daideo _____ _____.

5. Tá luch _____ _____ ná eilifint.

6. Éiríonn an aimsir _____ _____ i rith an tsamhraidh.

Scríobh sé abairt ag baint úsáid as na céimeanna comparáide thuas.

134

An aimsir

H. Ceisteanna agus freagraí.

An ndeachaigh ...?   Chuaigh ...   Ní dheachaigh ...

An ndeachaigh tú ar saoire go dtí an Fhrainc?
Ní dheachaigh. Chuaigh mé go dtí an Spáinn.

1. An ndeachaigh tú ar saoire anuraidh?
   _____

2. An ndeachaigh tú go dtí an phictiúrlann Dé Sathairn?
   _____

3. An ndeachaigh tú ar scoil inné?
   _____

4. An ndeachaigh tú a chodladh go luath aréir?
   _____

5. An ndeachaigh tú go dtí cluiche Dé Domhnaigh?
   _____

Cuir na ceisteanna thuas ar do chara.

I. Na litreacha 'ia'. Cén focal é?

ia   b   c   g   l   n   p   r

__s_    ___   an _ hr ___   ___m

___th_óid    f___lóir    ___lann    ___n ina bholg

Féach cé mhéad focal is féidir leat a dhéanamh as na focail seo: 'tintreach agus toirneach'.

135

An aimsir ar fud an domhain

J. Déan cur síos ar na séasúir.

An t-earrach

An samhradh

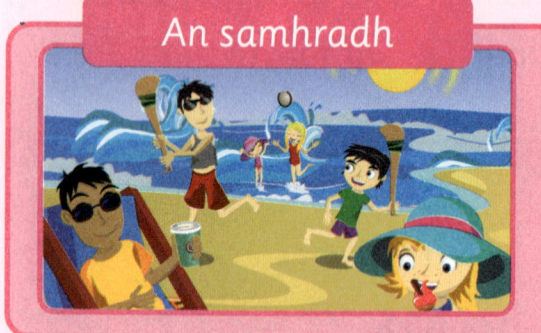

An fómhar

An geimhreadh

Bíonn an ghrian ag taitneamh go minic.   Bíonn sé níos teo ná an t-earrach.
Uaireanta bíonn leac oighir ann.   Bíonn sé ag cur báistí go minic.
Bíonn sé scamallach anois is arís.   Uaireanta bíonn sé fliuch.   Titeann duilleoga.
Uaireanta bíonn sneachta ar an talamh.   Cuireann an feirmeoir síolta.
Bíonn sé fuar anois is arís.   Bíonn sé gaofar.   Bíonn sé níos fuaire ná an fómhar.

An aimsir

K. Scríobh an scéal.

An stoirm

An geimhreadh a bhí ann.

___

scamallach   dorcha   fliuch   gaofar   imní   eagla   ar bís

___

An oíche sin bhí stoirm mhór ann.

___

chonaic   chuala   ag cur báistí go trom
an ghaoth ag séideadh go láidir   tintreach agus toirneach
i bhfolach   faoin duivé / leaba   ag crith le heagla

___

Ar maidin bhí gach rud bunoscionn.

___

bailigh   sa ghairdín   bruscar   i ngach áit

Súil siar C

A. Cuir snas ar an scéal.

- cótaí de gach sórt
- go deas teolaí
- sa deireadh
- préachta leis an bhfuacht
- an-fhaiseanta
- brat bán sneachta

Lá fuar a bhí ann. Bhí **sneachta** ar an talamh. Bhí Síofra **fuar**. Bhí sí ag iarraidh cóta nua a cheannach mar bhí a cóta róbheag. Chuaigh sí go dtí an siopa éadaí le Mamaí.

Bhí **a lán cótaí** ann. Chuir sí cóta glas uirthi. Bhí sé go hálainn ach bhí sé rómhór. Ansin chuir sí cóta corcra uirthi. Bhí sé **go maith** ach bhí sé rófhada. **Ansin** chuir sí cóta gorm uirthi. Bhí sé go hálainn uirthi. Cheannaigh Mamaí an cóta di.

Ar aghaidh leo abhaile agus Síofra te **teolaí** ina cóta nua.

B. Briathra: Aimsir Láithreach – briathra rialta.

Dún   Caith    Ceannaigh    Éirigh    Imir

1. _____ ar a cúig a chlog gach lá. (dún, na siopaí)
2. _____ cóta gach lá i rith an gheimhridh. (caith, Seán)
3. _____ ar a seacht a chlog gach maidin scoile. (éirigh, mé)
4. Nuair a bhíonn airgead ag Síofra, _____ milseáin. (ceannaigh, sí)
5. _____ cluichí ríomhaire gach deireadh seachtaine. (imir, Seán)
6. Ní _____ leadóg ar chor ar bith. (imir, mé)
7. An _____ ar a trí a chlog? (dún, an scoil)
8. An _____ spéaclaí gréine i rith an tsamhraidh? (caith, tú)

Scríobh na briathra thuas in abairtí.

Súil siar

C. Gramadach: Na forainmneacha réamhfhoclacha.

le	ag	do	ar	de
liom				díom
	agat			díot
		dó		
	aici		uirthi	

⭐ Scríobh cúig cinn de na réamhfhocail thuas in abairtí.

D. Scríobh.

Scríobh faoin séasúr is fearr leat. Cuir isteach an t-eolas seo a leanas:

an séasúr

an aimsir sa séasúr sin

na rudaí a dhéanann tú

E. Seanfhocal.

An té nach gcuireann san earrach ní bhaineann sé san fhómhar.

⭐ Tarraing pictiúr chun an seanfhocal seo a mhíniú.

139

17 An turas scoile

Eiseamláirí

Cén ___ is fearr leat, ___ nó ___?	An bhfuil suim agat sa ___?
Is fearr liom ___ ná ___.	Tá suim mhór agam sa ___.
	Níl suim agam sa ___.
Imrím / Seinnim ___.	Téim ag traenáil gach ___.

- puball
- loch
- saighead
- tor
- clogad
- fliuch báite
- seaicéad tarrthála
- carraig

140

Caitheamh aimsire

- ag dreapadh
- rópa
- nead
- ag boghdóireacht
- culaith uisce
- ag canúáil
- canú

An turas scoile

A. Léigh an bróisiúr. Freagair na ceisteanna.

SPRAOI COIS LOCHA

Ionad eachtraíochta i gContae Mhaigh Eo

Ar oscailt

Mí an Mhárta – Mí Mheán Fómhair
Aoisghrúpa: 7 mbliana +

Gníomhaíochtaí
canúáil
dreapadóireacht
raftú
surfáil
boghdóireacht
campáil
cluichí uisce

Cad a bheidh ag teastáil uait?
seanéadaí
éadaí snámha
hata agus cóta báistí
lámhainní
tuáille
málaí plaisteacha
mála codlata
airgead póca

1. Cén sórt áite é Spraoi Cois Locha?
   Is _____ é Spraoi Cois Locha.

2. Cá bhfuil Spraoi Cois Locha?
   _____

3. Cathain a bhíonn an t-ionad ar oscailt?
   _____

4. An féidir le páiste cúig bliana d'aois dul chuig Spraoi Cois Locha?
   _____

5. Liostaigh trí ghníomhaíocht is féidir leat a dhéanamh san uisce.
   _____

6. Cén fáth, meas tú, a mbeidh seanéadaí ag teastáil ó dhaoine i Spraoi Cois Locha?
   Measaim go mbeidh _____
   _____

Cén rud a ba mhaith leatsa a dhéanamh ag Spraoi Cois Locha?

Caitheamh aimsire

B. Comhrá.

Agallóir: A Sheáin, an bhfuil caitheamh aimsire ar bith agat?

Seán: Tá. Imrím a lán spóirt. Imrím peil maidin Dé Sathairn. Ansin téim ag traenáil iománaíochta um thráthnóna.

Agallóir: Cén spórt is fearr leat, peil nó iománaíocht?

Seán: Is fearr liom peil ná iománaíocht mar bíonn níos mó cluichí againn.

Agallóir: An bhfuil suim agat sa cheol?

Seán: Tá suim mhór agam sa cheol. Seinnim an fheadóg stáin.

Agallóir: An bhfuil aon chaitheamh aimsire eile agat?

Seán: Is breá liom cluichí ríomhaire. Caithim uair nó dhó ar an ríomhaire ag an deireadh seachtaine.

C. Cé acu is fearr leat?

Cuir na ceisteanna ar do chara.

1. Cén spórt is fearr leat, **peil** nó **iománaíocht**?
   Is fearr liom **peil** ná **iománaíocht**.

2. Cén caitheamh aimsire is fearr leat, spórt nó ceol?
   Is fearr liom _____ ná _____.

3. Cén bia is fearr leat, _____ nó _____
   Is fearr liom _____ ná _____

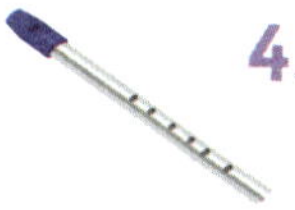

4. Cé acu is fearr leat, _____
   Is fearr liom _____

5. Cé acu is fearr leat, _____
   Is fearr liom _____

143

An turas scoile

D. Scríobh abairtí.

Cad?

Imrím	Seinnim	Téim
peil	an giotár	ag snámh
iománaíocht	an fheadóg stáin	ag damhsa
camógaíocht	an pianó	ag traenáil
leadóg		

Cathain?

Dé Luain.
Dé Máirt.
Dé Céadaoin.
Déardaoin.
Dé hAoine.
Dé Sathairn.
Dé Domhnaigh.

1. Imrím peil Dé Céadaoin.
2. _____
3. _____
4. _____
5. _____

E. Gramadach: An aidiacht shealbhach.

mé	tú	sé	sí
mo + h	do + h	a + h	a
mo chaitheamh aimsire	do chaitheamh aimsire	a chaitheamh aimsire	a caitheamh aimsire

1. Chuir mé _____ _____ orm. (mé, culaith uisce)
2. Bhain Síofra _____ _____ di. (sí, clogad)
3. Cá bhfuil _____ _____ ? (tú, mála)
4. Seinnim _____ _____ gach tráthnóna. (mé, giotár)
5. Imríonn Seán agus _____ _____ peil Dé Aoine. (sé, cairde)
6. Téann Síofra agus _____ _____ go dtí an phictiúrlann gach mí. (sí, cara)

Caitheamh aimsire

F. Briathra: Aimsir Láithreach – briathra neamhrialta.

Abair
- **Deirim**
- **Deir** tú
- **Deir** sé
- **Deir** sí

Feic
- Feic**im**
- Feic**eann** tú
- Feic**eann** sé
- Feic**eann** sí

Faigh
- Faigh**im**
- Faigh**eann** tú
- Faigh**eann** sé
- Faigh**eann** sí

1. _____ liomsa 'Ith do ghlasraí' gach lá. (abair, Mamaí)
2. _____ euro ó Mhamaí gach Aoine. (faigh, sé)
3. _____ lacha sa loch gach lá. (feic, mé)
4. _____ 'Brostaígí' i gcónaí. (abair, mo mhúinteoir)
5. _____ culaith uisce san ionad eachtraíochta. (faigh, sí)

⭐ Scríobh cúig abairt ag baint úsáid as na briathra thuas.

An ndeir?
Deir / **Ní** deir.

An bhfeiceann?
Feiceann / **Ní fh**eiceann.

An bhfaigheann?
Faigheann / **Ní fh**aigheann.

1. **An ndeir** Mamaí 'Oíche mhaith' gach oíche?
   Ní deir. Deir sí 'Codail go sámh'.

2. An bhfeiceann Síofra a cairde tar éis na scoile gach lá?
   _____

3. An bhfaigheann Síofra milseáin ó Mhamó gach seachtain?
   _____

4. _____ Seán a chairde ar a bhealach abhaile?
   Feiceann.

5. _____ an mhúinteoir 'Dia duit ar maidin' gach maidin?
   Deir.

145

An turas scoile

G. Éist agus scríobh: Fíor nó bréagach?

1. Níl a lán caitheamh aimsire ag Niamh.
2. Is breá le Niamh ceol.
3. Tá suim mhór ag Niamh sa phianó.
4. Seinneann Niamh an pianó gach maidin.
5. Níl aon suim ag Niamh sa leadóg.

H. Cuardach focail.

c	a	i	g	t	á	r	f	p	d
p	m	a	i	ó	n	í	p	é	f
e	r	í	o	m	h	a	i	r	e
l	ó	o	t	s	ú	m	a	s	a
l	p	h	á	e	c	a	n	ú	d
a	a	i	r	á	e	p	ó	r	ó
b	i	t	o	p	o	f	e	a	g
u	s	c	p	c	l	o	g	a	d
p	e	i	l	i	a	t	r	n	o
t	u	b	a	l	o	á	s	g	a

1. _____
2. _____
3. _____
4. _____
5. _____
6. _____
7. _____
8. _____
9. _____
10. _____

146

Caitheamh aimsire

I. Dán.

Laethanta Saoire

Cad a dhéanann tú
Ar do laethanta saoire?
Leadóg nó snúcar
Nó rothaíocht trastíre?

An léann tú leabhair?
An scríobhann tú scéalta?
An mbíonn tú sa chistin
Ag ullmhú béilte?

An mbailíonn tú stampaí
Nó cártaí deas' peile,
Saighdiúirí beaga
Nó rud éigin eile?

Mise, is maith liom
É a thógáil go réidh
Agus luí ar an tolg
Le brioscaí is tae.

J. Na litreacha 'ai'. Cuir na litreacha in ord.

r**ai**eagd

m**ai**sri

grd**ai**ín

cfé**ai**

Seán is m**ai**n dom.

c**ai**luth uisce

scéade**ai** tarrthála

cthaie**ai**mh **ai**smire

⭐ Féach cé mhéad focal is féidir leat a dhéanamh as na focail seo: 'caitheamh aimsire'.

18 Cú Chulainn

Eiseamláirí

Is é ___ an duine is fearr.	Tabhair pas dom.
Beir ar an liathróid.	Maith an buachaill / cailín! Maith thú féin!

Is é Setanta an duine is fearr.

Bhí buachaill an-speisialta ann, fadó. Setanta ab ainm dó. Bhí Setanta an-láidir ar fad. Bhí Setanta an-tapa ag rith agus an-mhaith ag iomáint. Ba é Setanta an duine ab fhearr sa tír ag rith agus ag iomáint.

Lá amháin, fuair Setanta cuireadh chuig féasta mór i dteach Chulainn. Bhí Setanta déanach mar bhí cluiche iomána aige. Rinne Culann dearmad go raibh Setanta ag teacht. Lig sé amach a chú mór fíochmhar.

Nuair a shroich Setanta an teach chonaic sé an cú mór fíochmhar. Rith an cú mór i dtreo Shetanta. I bpreabadh na súl bhuail Setanta an sliotar. Bhuail an sliotar an cú. Thit an cú ar an talamh. Bhí sé marbh.

Amach as an teach le gach duine nuair a chuala siad an ruaille buaille. Bhí brón an domhain ar Chulann nuair a chonaic sé an cú marbh ar an talamh. D'inis Setanta an scéal dó. 'Beidh mise mar chú agat!' arsa Setanta. Is mar sin a fuair Setanta an t-ainm Cú Chulainn.

Caitheamh aimsire

A. Freagair na ceisteanna.

1. Cad ab ainm don bhuachaill ag tús an scéil?

   _____ ab ainm dó.

2. Cén spórt a thaitin le Setanta?

   _____

3. Cé a thug cuireadh chuig féasta do Shetanta?

   _____

4. Cén fáth a raibh Setanta déanach?

   _____

5. Cad a chonaic Setanta nuair a shroich sé an teach?

   _____

6. Cad a rinne Setanta nuair a chonaic sé an cú?

   _____

7. Conas a mhothaigh Setanta, meas tú, tar éis an cú a mharú?

   Measaim go raibh _____

⭐ Scríobh cúpla abairt faoi chaitheamh aimsire atá agat.

B. Cad a tharla ansin?

149

Cú Chulainn

C. Líon na bearnaí.

'Is é Setanta an duine is **fearr**.'

is tapa   is sine   is óige   is fuaire   is teo

1. Is é an Sahára ceann de na háiteanna _____ ar domhan.

2. Is é Oisín an duine _____ sa teaghlach.

3. Is é an tAntartach an áit _____ ar domhan.

4. Is é _____ an páiste _____ ar an bhfoireann.

5. Is é _____ an duine _____ sa teaghlach.

⭐ Cé hé an duine is sine i do theaghlach? Cé hé an duine is óige?

D. Críochnaigh na habairtí.

I bpreabadh na súl bhuail Setanta an sliotar.

Amach as an teach le gach duine nuair a chuala siad an **ruaille buaille**.

1. _____ rith Seán trasna na páirce.

2. Rith Mamaí isteach sa seomra nuair a chuala sí an _____.

3. Thug Magda pas do Shíofra _____.

4. Bhí _____ sa pháirc nuair a bhuaigh siad an cluiche.

5. _____ rug Oisín ar an liathróid agus scóráil sé.

⭐ Scríobh na nathanna thuas in abairtí.

Caitheamh aimsire

E. Comhrá.

Daidí: 'An dearg' abú! Tá sibh ag imirt go hiontach.
Seán: Tabhair pas dom, a Liam.
Liam: Seo duit, a Sheáin.
Daidí: Maith an buachaill, a Liam.
A Sheáin, ciceáil an liathróid.
Anois, anois! … Mí-ádh ort!
Liam: Maith thú féin! Ba bheag nár scóráil tú pointe.
Daidí: Féach, a Sheáin! Tá seans eile agat!
Beir ar an liathróid.
Seán: Is ea!
Liam: Cúúúúl!!!!
Daidí: Maith thú, a Sheáin!

F. Scríobh na habairtí.

1.  **Liam:** Tabhair pas dom.
2.  **Síofra:** _____
3.  **Daidí:** _____
4.  **Múinteoir:** _____
5.  **Mamaí:** _____
6.  **Daideo:** _____

~~Tabhair~~	an gcamán
Ciceáil	~~pas dom~~
Beir ar	an liathróid sa chiseán
Buail	an sliotar
Rith	go tapa
Cuir	an liathróid

151

Cú Chulainn

G. Ceisteanna agus freagraí.

An ndearna…?   Rinne…   Ní dhearna…

An ndearna Oisín a chuid obair bhaile?    Rinne…    Ní dhearna…

1. An ndearna Seán obair ar an bhfeirm?
   _____

2. An ndearna Mamaí an bricfeasta ar maidin?
   _____

3. _____ Mamó geansaí d'Oisín.
   _____

4. _____ Síofra dearmad ar a bróga peile?
   _____

5. _____
   Ní dhearna. Rinne sí pióg úll.

Cuir na ceisteanna ar do chara.

1. An ndearna tú do chuid obair bhaile aréir?
   _____

2. An ndearna tú do lón féin ar maidin?
   _____

3. _____ tú cáca riamh?
   _____

4. _____ tú dearmad ar aon rud riamh? Cad a tharla?
   _____

5. _____ tú bronntanas d'aon duine riamh? Cad a rinne tú?
   _____

Caitheamh aimsire

H. Gramadach: An forainm réamhfhoclach 'do'.

do	dom (mé)	duit (tú)	dó (sé)	di (sí)
Thug Seán pas **do** Shíofra.	Thug Seán pas **dom**.	Thug Seán pas **duit**.	Thug Seán pas **dó**.	Thug Seán pas **di**.

1. Rith Magda trasna na páirce agus thug Liam an liathróid _____ .
2. Seán agus Oisín is ainm _____ mo dheartháireacha.
3. Ní raibh mé ag an gcluiche. Inis _____ faoi.
4. D'imir Oisín go hiontach sa cluiche. Thug gach duine bualadh bos _____ ag an deireadh.
5. 'Breithlá sona _____ , a Dhaithí!' arsa Seán.
6. 'Tá mé saor!' arsa Seán, 'Tabhair pas _____ !'

⭐ Scríobh ceithre abairt ag baint úsáid as na réamhfhocail thuas.

I. Na litreacha 'ái'. Cén focal é?

ái   c   d   i   í   r   t

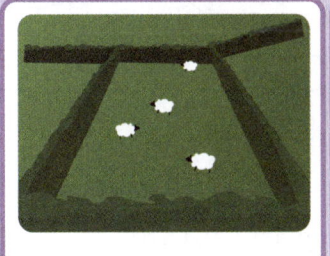

p__r__

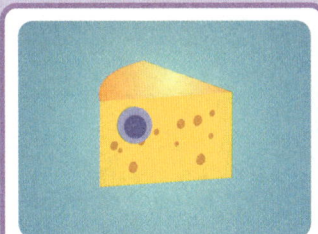

__ __s

p__s_í

sea_l___

ag cur b__s__

n___e

l___ir

_omán __ocht

⭐ Scríobh cúig abairt ag baint úsáid as na focail thuas.

Cú Chulainn

J. Caitheamh aimsire Aoife agus Dháithí.

Aoife

drámaíocht, leadóg agus cispheil

Is fearr liom cispheil mar imríonn mo chairde freisin.

ag traenáil
gach Máirt agus Déardaoin

cluichí
gach Satharn

Daithí

peil, ealaín agus rugbaí

Is fearr liom ealaín mar is aoibhinn liom péinteáil.

ceacht
gach Luan

déanaim pictiúir sa bhaile ag an deireadh seachtaine

Léigh scéal Aoife.

Tá a lán caitheamh aimsire agam. Tá suim mhór agam sa **drámaíocht**, sa **leadóg** agus sa **chispheil**.

An caitheamh aimsire is fearr liom ná **cispheil** mar **imríonn mo chairde freisin**. Bainim an-taitneamh as bheith ag imirt.

Téim **ag traenáil gach Máirt agus Déardaoin**. Bíonn **cluiche** againn **gach Satharn**.

Críochnaigh scéal Dhaithí.

Tá a lán caitheamh aimsire agam. Tá suim mhór agam sa _____, san _____ agus sa _____ .

An caitheamh aimsire is fearr liom ná _____.
mar _____ . Bainim an-taitneamh as bheith ag péinteáil agus ag tarraingt.
Bíonn _____ agam _____ .
Déanaim _____ ag an _____ .

Caitheamh aimsire

K. Scríobh faoi do chaitheamh aimsire féin.

_____
_____
_____
_____
_____
_____
_____
_____

Taitníonn ___ go mór liom.	Is breá liom ___.	Tá suim mhór agam sa ___.
Bainim an-taitneamh as bheith ag ___ .	Tá mé go maith ag ___.	An caitheamh aimsire is fearr liom ná ___.
Imrím / Seinnim ___ .	Téim ___ gach ___. / Bíonn ___ agam gach ___.	

spórt	ceol	drámaíocht	léitheoireacht	ealaín
peil	giotár	ceacht	ag léamh	ag péinteáil
sacar	pianó	seó / seónna	leabhair	ag tarraingt
rugbaí	feadóg stáin		leabharlann	ceacht
iománaíocht	drumaí			
camógaíocht	bosca ceoil			
cispheil	ag seinm			
leadóg	ag canadh			
snámh	ceacht			
cluichí	ceolchoirm			
ag traenáil				
ag imirt				

155

19 Ag an aerfort

Eiseamláirí

Cá mbeidh tú ag dul / ag eitilt? Beidh ___.	Tabhair dom ___, le do thoil.
Cé mhéad duine ___?	Bain sult as na laethanta saoire.

FR142 Corcaigh 9.30
IE139 Páras 10.00
IE122 Londain 10.15
FR159 Maidrid 11.15
IE1 Nua-Eabhrac 12.45

Geata 1-15

scuaine daoine

tralaí

garda slándála

ag cuardach

pas

áit slándála

buidéal uisce

ticéid

156

Ócáidí speisialta

- ag tuirlingt
- píolóta
- aeróstach
- eitleán
- bratach na hÉireann
- inneall
- rothaí
- mála trom
- bagáiste
- carr bagáiste

Ag an aerfort

A. Léigh. Freagair na ceisteanna.

Pas bordála

Ainm: Seán Ó Sé
Ó: Baile Átha Cliath
Go dtí: Páras
Eitilt: IE 139
Dáta: 1 Iúil
Am: 10.00
Geata: 3
Suíochán: 10F

Bí ag do gheata 30 nóiméad ar a laghad roimh ré.

Pas

Sloinne: Ó Sé
Céadainm: Seán
Náisiúntacht: Éireannach
Áit breithe: Baile Átha Cliath
Dáta breithe: 1 Meán Fómhair 2008

1. Cé leis an ticéad agus an pas seo?
   Is le _____

2. Cá bhfuil sé ag dul?
   _____

3. Cén t-am a bheidh an eitilt?
   _____

4. Cén suíochán a bheidh ag Seán?
   _____

5. Cad is sloinne do Sheán?
   _____

6. Cad é data breithe Sheáin?
   _____

An raibh tú ar eitleán riamh? Cá ndeachaigh tú?

Ócáidí speisialta

B. Comhrá.

Freastalaí: Dia duit.
Mamaí: Dia is Muire duit.
Freastalaí: Cá mbeidh tú ag eitilt inniu?
Mamaí: Beidh mé ag eitilt go Páras.
Freastalaí: An bhfuil an ticéad agat?
Mamaí: Tá. Seo duit.
Freastalaí: Tabhair dom do phas, le do thoil.
Mamaí: Cinnte. Seo duit.
Freastalaí: Cé mhéad duine a bheidh ag taisteal inniu?
Mamaí: Cúigear.
Freastalaí: Go maith! Beidh sibh ag imeacht ó Gheata a Trí.
Mamaí: Go raibh míle maith agat.
Freastalaí: Fáilte romhat. Bain sult as na laethanta saoire.

C. Scríobh an comhrá.

Beidh **Magda**, a **Mamaí** agus a **beirt deartháireacha** ag eitilt go dtí an **Spáinn** inniu.

Cá mbeidh tú _____ inniu?

Beidh mé ag eitilt go _____ .

An bhfuil an _____ agat?

Tá. Seo duit.

Cé mhéad duine a bheidh ag taisteal inniu?

_____ .

Beidh tú ag imeacht ó _____ a hOcht.

Ag an aerfort

D. Scríobh an abairt mar is ceart.

1. (pas Dhaidí   ar   talamh   an   Thit)
   _____

2. (Mamaí   amach as   buidéal uisce   Thóg   an   mála)
   _____

3. (san   an garda slándála   Stop   Seán   aerfort)
   _____

4. (Bhí   ag fanacht   ngeata   scuaine daoine   ag an)
   _____

5. (ar   an mala trom   an   Daidí   tralaí   Chuir)
   _____

6. (Síofra   bratach na hÉireann   Chonaic   eitleán   ar an)
   _____

E. Gramadach: Na huimhreacha pearsanta.

1. duine amháin   2. beirt   3. triúr   4. ceathrar   5. cúigear
6. seisear   7. seachtar   8. ochtar   9. naonúr   10. deichniúr

1. Cé mhéad duine atá i do theaghlach? _____
2. Cé mhéad duine a shuíonn ag do bhord ar scoil? _____
3. Cé mhéad duine i do rang a bhfuil gruaig fhionn orthu? _____
4. Sa phóstaer, cé mhéad duine atá sa scuaine? _____
5. Sa phóstaer, cé mhéad duine atá ar an staighre? _____

Cuir ceisteanna a thosaíonn le 'Ce mhéad duine...?' ar do chara.

F. Briathra: Aimsir Láithreach – briathra neamhrialta.

Bí
Bí**m**
Bí**onn** tú
Bí**onn** sé
Bí**onn** sí

Déan
Déan**aim**
Déan**ann** tú
Déan**ann** sé
Déan**ann** sí

Téigh
Té**im**
Té**ann** tú
Té**ann** sé
Té**ann** sí

1. _____ ag snámh gach Máirt. (téigh, Síofra)
2. _____ sa mbaile gach lá scoile ar a ceathair. (bí, mé)
3. _____ mo chuid obair bhaile gach lá tar éis na scoile. (déan, mé)
4. _____ an-te sa Spáinn. (bí, an aimsir)
5. _____ go dtí an Fhrainc ar a laethanta saoire. (téigh, sé)

⭐ Scríobh cúig abairt ag baint úsáid as na briathra thuas.

An mbíonn?
Bíonn / **Ní** bhíonn.

An ndéanann?
Déanann / **Ní** dhéanann.

An dtéann?
Téann / **Ní** théann.

1. An dtéann tú ar saoire le do theaghlach gach bliain?
   _____
2. An mbíonn cóisir agat ar do bhreithlá gach bliain? 
   _____
3. An ndéanann tú do bhricfeasta féin gach maidin? 
   _____
4. An dtéann tú ag snámh le do rang? 
   _____
5. An ndéanann tú do chuid obair bhaile gach oíche? 
   _____
6. An mbíonn traenáil agat i rith na seachtaine? 
   _____

Ag an aerfort

G. Éist agus líon na bearnaí.

1. Beidh an eitilt go _____ ag imeacht ó Gheata a Cúig.

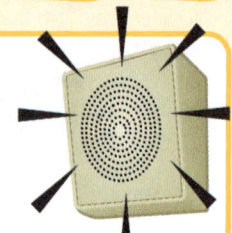

2. Beidh an eitilt ó Munich _____ déanach.

3. Tá _____ _____ faighte ag na Gardaí.

4. An féidir le Pól Ó Murchú dul go dtí _____ a _____.

5. Beidh an bus go lár na cathrach ag fágáil i gceann _____ nóiméad.

H. Crosfhocal.

Trasna

2. cárta speisialta le d'ainm agus do phictiúr
4. an duine a thugann aire duit ar an eitleán
5. líne daoine

Síos

1. an duine a eitlíonn an t-eitleán
2. príomhchathair na Fraince
3. málaí ar eitleán

Ócáidí speisialta

I. Dán.

Ar Saoire

Ag taisteal chuig an aerfort
Is áthas ar mo chroí,
Ag smaoineamh ar an ngrian
Is mise i mo luí.

Ag ithe uachtar reoite
Ag súgradh ar an trá,
Ag dul ag snámh san fharraige
Cúpla uair sa lá.

Is breá liom laethanta saoire,
Cad eile is féidir a rá?
Ba bhreá liom bheith ar saoire
Gach uile lá.

J. Na litreacha 'th'. Cuir na litreacha in ord.

ag i**th**r	**th**blá	caaoir**th**	**th**culai
á**th**scán	róidlia**th**	**th**roa	Tá áas**th** orm.

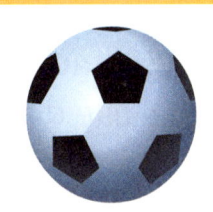

Scríobh cúig abairt ag baint úsáid as na focail thuas.

20 Ar saoire sa Fhrainc

Eiseamláirí

A Mhamó / a Sheáin / a Liam.	Slán (go fóill).
Tá ___ in aice láimhe.	Cad ba mhaith leat a dhéanamh? Ba mhaith liom ___.

A Mhamó agus a Dhaideo,

Dia daoibh ón Fhrainc! Tá mé anseo i dteachín saoire. Is aoibhinn liom é! Tá linn snámha, sleamhnán uisce, luascáin, trampailín mór agus cúirt leadóige in aice láimhe. Tá an aimsir go hiontach. Bíonn an ghrian ag spalpadh anuas orainn gach lá. Ní fhaca mé scamall amháin sa spéir an chéad seachtain.

Tá a lán cairde nua agam, freisin. Bhuail mé le cailín as an nGearmáin agus beirt bhuachaillí as Sasana. Imrímid le chéile gach lá.

Cúpla lá ó shin, cheannaigh Daidí puball beag. Chodail Seán, Oisín agus mé féin sa phuball an oíche sin. Thosaigh sé ag stealladh báistí i lár na hoíche. Bhí tintreach agus toirneach ann. Baineadh geit as na buachaillí. Ach ní raibh eagla ormsa, ar chor ar bith.

Fan go gcloise tú é seo! Tráthnóna amháin, bhí Daidí ag cócaráil. Chuir sé borgairí agus ispíní ar an mbarbaiciú. Shuigh sé síos agus thit sé ina chodladh. Nuair a tháinig Mamaí amach bhí na borgairí agus na hispíní trí thine! Chaith Mamaí buicéad uisce ar an mbarbaiciú. Ansin chaith sí buicéad uisce eile ar Dhaidí. Bhíomar sna tríthí gáire nuair a chonaiceamar Daidí bocht fliuch!

Feicfidh mé sibh an tseachtain seo chugainn.

Le grá,
Síofra

Ócáidí speisialta

A. Freagair na ceisteanna.

1. Cá bhfuil Muintir Uí Shé ar laethanta saoire?
   _____

2. Cad atá in aice láimhe?
   _____

3. Cad as cairde nua Shíofra?
   Is as _____ agus _____ iad.

4. Cá raibh na páistí nuair a thosaigh an tintreach agus an toirneach?
   _____

5. Cad a tharla nuair a bhí Daidí ag cócaráil?
   _____

6. Conas a mhúch Mamaí an tine?
   _____

7. Cén fáth, meas tú, ar chaith Mamaí buicéad uisce ar Dhaidí?
   _____
   _____

⭐ An raibh tusa ar laethanta saoire riamh? Cá raibh tú? Scríobh trí abairt faoi.

B. Cad tá cearr sa phictiúr?

1. _____
2. _____
3. _____
4. _____
5. _____

165

Ar saoire sa Fhrainc

C. Cad tá in aice láimhe?

1. Tá **cúirt leadóige** **in aice láimhe**.
2. Tá _____ in aice láimhe. 
3. Tá _____ in aice láimhe. 
4. Tá _____ in _____. 
5. Tá _____ in _____. 
6. Tá _____. 

D. Cuir snas ar na habairtí.

Abairtí

Bhíomar ag ~~gáire~~ nuair a chonaiceamar Daidí bocht fliuch.

1. Bhí Síofra ag gáire ag féachaint ar scannán greannmhar.
2. Bhí an lucht féachana ag gáire nuair a thit Seán agus Síofra ar an stáitse.
3. Bhí Mamó ag gáire nuair a bhí Daideo ag insint scéal greannmhar.
4. Bhí Oisín ag gáire agus é ag féachaint ar chartún.

Abairtí snasta

Bhíomar **sna tríthí gáire** nuair a chonaiceamar Daidí bocht fliuch!

1. _____
2. _____
3. _____
4. _____

Scríobh na nathanna thuas in abairtí.

Ócáidí speisialta

E. Comhrá.

Daidí: Dia duit ar maidin, a Shíofra, ar chodail tú go maith?

Síofra: Chodail, bhí mé tuirseach traochta.

Daidí: Cad ba mhaith leat a dhéanamh inniu?

Síofra: Nílim cinnte.

Daidí: Ar mhaith leat dul go dtí an trá?

Síofra: Níor mhaith. Tá mé bréan den trá. Ba mhaith liom rud éigin difriúil a dhéanamh.

Daidí: Céard faoin iascaireacht?

Síofra: Ní dóigh liom é. Níl aon suim agam san iascaireacht.

Daidí: Cad faoin mbádóireacht?

Síofra: Sin é! Ba bhreá liom dul ag seoladh.

F. Cad ba mhaith leat...?

1. Cad ba mhaith leat **a dhéanamh**?
   Ba mhaith liom cáca **a dhéanamh**.

2. Cad ba mhaith leat a imirt?
   Ba mhaith liom _____ a imirt.

3. Cad ba mhaith leat a ithe?
   Ba mhaith liom _____.

4. Cad ba mhaith leat _____?
   _____ a cheannach.

5. _____?
   Ba mhaith liom _____ a ól.

Ar saoire sa Fhrainc

G. Gramadach: Uatha agus iolra '+ a'.

Uatha — úll, bróg, méar

Iolra — úll**a**, bróg**a**, méar**a**

1. D'ith Síofra **pancóg** amháin.
   D'ith Oisín **pancóga**.

2. Thit **duilleog** amháin ar Lóla.
   Thit _____ ar Thafaí.

3. Nuair a bhí Mamaí óg bhí **bábóg** amháin aici.
   Nuair a bhí Síofra óg bhí _____ difriúla aici.

4. Chaith Seán **cloch** amháin isteach san fharraige agus chaith Oisín
   _____ móra agus beaga isteach.

5. Ghlan Daidí an **fhuinneog** sa chistin agus na _____
   sa seomra suite.

6. Ghléas Síofra suas mar **chailleach** Oíche Samhna.
   Ghléas Magda agus Niamh suas mar _____ freisin.

Scríobh na focail thíos san iolra: a. cos   b. cnámh   c. spideog

Ócáidí speisialta

H. Ceisteanna agus freagraí.

Conas?

Conas a rinne tú an cáca?
Mheasc mé plúr, im, uibheacha agus siúcra le chéile.

Cén fáth?

Cén fáth a raibh eagla ar Oisín?
Bhí eagla ar Oisín mar bhí sé ag dul go dtí an fiaclóir.

1. _____ a rinne tú na pancóga?
   Mheasc mé plúr, bainne agus uibheacha le chéile.

2. _____ a raibh brón ar Sheán?
   Bhí brón ar Sheán mar chaill sé an cluiche.

3. _____ tá tú inniu?
   Nílim go maith. Tá tinneas cinn orm.

4. _____ a bhí an aimsir sa Fhrainc?
   Bhí an aimsir go hiontach.

5. _____ a raibh Síofra déanach?
   Bhí Síofra déanach mar níor dhúisigh sí in am.

Scríobh ceithre cheist ag baint úsáid as 'Conas' agus 'Cén fáth'.

I. Na litreacha 'ch'. Cén focal é?

ch a l o r t

_u__    _ea__    an _í__e    b_at___

f_iu__    sc_m_lla__    mo__a_a    _in__ea__ agus _oi_nea__

Scríobh cúig abairt ag baint úsáid as na focail thuas.

Ar saoire sa Fhrainc

J. Cártaí poist ó Magda agus ó Dháithí.

Léigh cárta poist Magda:

A Shinéad,

Conas tá tú? Is breá liom an Spáinn. Tá an t-árasán ar fheabhas.

Chuaigh mé chuig páirc mhór uisce ar an Déardaoin. Bhí sí go hiontach. Bhí sleamhnán ollmhór uisce ann. Bhí linn snámha iontach ann freisin.

Dé hAoine, chuamar go dtí an trá. Chuaigh mé ag snámh san fharraige agus thóg mé caisleán gainimh.

Slán go fóill,
Magda

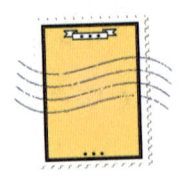

Sineád Ní Néill
2, Sráid Phádraig
An Cnoc Dubh
Baile Átha Cliath
Éire

Críochnaigh cárta poist Dháithí:

A Liam,

Conas tá tú? Tá mé _____ _____ i gCiarraí. Tá teachín saoire againn agus is breá liom é. Tá mé ag baint an-taitnimh as.

Tá an aimsir _____ _____ inniu. 😟 Tá sé scamallach agus ____ ____ _____. Ach inné bhí an aimsir go hálainn. 😊 Bhí an ghrian _____ _____ anuas. Chaith mé an lá ar fad ar an trá.

Dé Sathairn, _____ mé go dtí ionad eachtraíochta. Bhí mé _____ _____ agus ag canúáil. Bhí an t-uisce fuar ach bhí _____ _____ orm. Bhí an-spórt agus spraoi agam. Feicfidh mé thú go luath!

Slán, Daithí

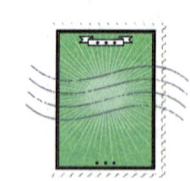

Liam Ó Duinn
32, Radharc na Mara
An Cnoc Dubh
Baile Átha Cliath

| ag cur báistí | go dona | ag spalpadh |
| ag dreapadh | chuaigh | ar saoire | culaith uisce |

Ócáidí speisialta

K. Scríobh do chárta poist féin.

A _____,

_____

_____

_____

_____

_____

_____

_____

_____

_____,

_____

Conas tá tú?

ar saoire
i gCiarraí
i nGaillimh
i Loch Garman
sa Fhrainc
sa Spáinn
i Sasana
i Meiriceá

óstán
árasán
teachín saoire
puball

Dé ____
an trá
an fharraige
páirc uisce
ionad eachtraíochta
linn snámha
cúirt leadóige

barbaiciú
bialann

ag snámh
ag dreapadh
ag canúáil
ag seoladh
ag spraoi
ag imirt
ag tógáil caisleán gainimh
ag siopadóireacht

go breá / go hálainn / ar fheabhas
go dona
te / fuar / fliuch
an ghrian ag taitneamh / ag spalpadh anuas
ag cur báistí / stealladh báistí
scamallach

Feicfidh mé thú go luath!
Slán (go fóill)

171

Súil siar D

A. Briathra: Aimsir Láithreach – briathra neamhrialta.

Abair
Deirim
Deir tú
An ndeir?
Ní deir

Beir
Beirim
Beireann tú
An mbeireann?
Ní bheireann

Bí
Bím
Bíonn tú
An mbíonn?
Ní bhíonn

Clois
Cloisim
Cloiseann tú
An gcloiseann?
Ní chloiseann

Déan
Déanaim
Déanann tú
An ndéannann?
Ní dhéanann

Faigh
Faighim
Faigheann tú
An bhfaigheann?
Ní fhaigheann

Feic
Feicim
Feiceann tú
An bhfeiceann?
Ní fheiceann

Ith
Ithim
Itheann tú
An itheann?
Ní itheann

Tabhair
Tugaim
Tugann tú
An dtugann?
Ní thugann

Tar
Tagaim
Tagann tú
An dtagann?
Ní thagann

Téigh
Téim
Téann tú
An dtéann?
Ní théann

1. _____ tósta agus ólaim tae gach maidin.

2. _____ Mamaí 'Oíche mhaith' gach oíche.

3. _____ Síofra Tafaí ag tafann gach maidin.

4. _____ Daideo milseáin do na páistí gach deireadh seachtaine.

5. _____ Rang a Ceathair go dtí ionad eachtraíochta gach bliain.

6. _____ Mamó geansaí do na páistí gach Nollaig.

7. I ngach cluiche, _____ Seán ar an liathróid agus scórálann sé.

8. _____ scánnan sa phictiúrlann gach Satharn.

9. Ní _____ an aimsir fuar sa Fhrainc i rith an tsamhraidh.

10. Ní _____ Daidí abhaile go luath i rith na seachtaine.

11. An _____ tú bróga scoile nua gach Meán Fómhair?

Scríobh na briathra thuas in abairtí.

Súil siar

B. Ceartaigh na botúin.

Cúpla lá ó shin, bhí cluiche peile ar siúl. Bhí mo dheartháir ~~mo deartháir~~ Seán ag imirt. Chuaigh mé féin agus mo Daidí chun an cluiche a fheiceáil.

Imir gach duine go hiontach. Scóráil foireann Sheáin cúig phointe ach scóráil an fhoireann eile cúig phointe freisin.

Go tobann, beir Seán ar an liathróid. Rith dhá bhuachaillí ina threo. Bhí imní ar mé. I bpreabadh na súl, rith sé timpeall na beirte. Fuair sé cúl! Thug mé bualadh bos mór duit. 'Maith an buachaill!' arsa Daidí.

Ansin, chuala mé an fheadóg. Bhí an cluiche thart. Bhí an bua ag foireann Sheáin. Bhí áthas ort.

C. Scríobh.

Scríobh scéal faoin bpictiúr.

- lá grianmhar
- ar saoire
- bád
- i lár na farraige
- ag bádóireacht
- ag iascaireacht
- ag snámh
- tinn
- gléasta mar shiorc
- baineadh geit as
- sna tríthí gáire

D. Seanfhocal.

Ní thagann ciall roimh aois.

Tarraing pictiúr chun an seanfhocal seo a mhíniú.

Mar chabhair duit

Na bunuimhreacha 1–100

1	a haon	peann amháin / aon pheann amháin
2	a dó	dhá pheann
3	a trí	trí pheann
4	a ceathair	ceithre pheann
5	a cúig	cúig pheann
6	a sé	sé pheann
7	a seacht	seacht bpeann
8	a hocht	ocht bpeann
9	a naoi	naoi bpeann
10	a deich	deich bpeann
20	fiche	fiche peann
30	tríocha	tríocha peann
40	daichead	daichead peann
50	caoga	caoga peann
60	seasca	seasca peann
70	seachtó	seachtó peann
80	ochtó	ochtó peann
90	nócha	nócha peann
100	céad	céad peann

15
cúig pheann deag

31
aon pheann is tríocha

57
seacht bpeann is caoga

120
céad is fiche peann

Cé mhéad...?
Cé mhéad milseán atá agat?

Tá ceithre mhilseán agam.

Cén aois...?
Cén aois thú?

Tá mé naoi mbliana d'aois.

Cén praghas...?
Cén praghas atá ar tháibléad?

Tá cúig euro is nócha ar taibléad.

Na huimhreacha pearsanta 1–10

1	duine amháin		6	seisear
2	beirt		7	seachtar
3	triúr		8	ochtar
4	ceathrar		9	naonúr
5	cúigear		10	deichniúr

Cé mhéad duine…?

Cé mhéad duine atá i do theaghlach?
Tá cúigear i mo theaghlach.

Cé mhéad deartháir / deirfiúr atá agat?

Cé mhéad deartháir atá agat?
Tá beirt deartháireacha agam.

An t-am

A haon a chlog	Leathuair tar éis a cúig	Ceathrú tar éis a dó dhéag	Ceathrú chun a dó

Cén t-am é?

Cén t-am é?

Tá sé
a deich a chlog.

Cén t-am a bhíonn…?

Cén t-am a bhíonn traenáil agat?

Bíonn traenáil agam ar
leathuair tar éis a trí.

Cén t-am a thosaíonn / chríochnaíonn…?

Cén t-am a thosaíonn an scoil?

Tosaíonn sí ar
a naoi a chlog.

Mar chabhair duit

Na laethanta

an Luan	Dé Luain
an Mháirt	Dé Máirt
an Chéadaoin	Dé Céadaoin
an Déardaoin	Déardaoin
an Aoine	Dé hAoine
an Satharn	Dé Sathairn
an Domhnach	Dé Domhnaigh

Cén lá...?

Cén lá é inniu?
Inniu an Luan.

Cathain...?

Cathain a bhíonn corpoideachas agat?
Bíonn corpoideachas agam Dé Máirt agus Dé hAoine.

Na séasúir agus na míonna

earrach
an t-earrach
i rith an earraigh

Feabhra / mí Feabhra
Márta / mí an Mhárta
Aibreán / mí Aibreáin

samhradh
an samhradh
i rith an tsamhraidh

Bealtaine / mí na Bealtaine
Meitheamh / mí an Mheithimh
Iúil / mí Iúil

fómhar
an fómhar
i rith an fhómhair

Lúnasa / mí Lúnasa
Meán Fómhair / mí Mheán Fómhair
Deireadh Fómhair / mí Dheireadh Fómhair

geimhreadh
an geimhreadh
i rith an gheimhridh

Samhain / mí na Samhna
Nollaig / mí na Nollag
Eanáir / mí Eanáir

Cén mhí...?

Cén mhí é?
Mí Aibreáin.

Cén séasúr...?

Cén séasúr é?
An t-earrach.

Cathain...?

Cathain a bhíonn do bhreithlá agat?
Bíonn mo bhreithlá agam i mí Lúnasa.

Na dathanna

○ bán ● gorm ● oráiste ● buí ● donn ● liath ● airgead
● dubh ● dearg ● glas ● corcra ● bándearg ● ildaite ● ór

Aidiachtaí

Tá an eilifint **mór**.

Tá an luch **beag**.

mór	big	beag	small
ard	tall / high	beag / íseal	short / low
fada	long	gearr	short
sean	old	óg	young
láidir	strong	lag	weak
díreach	straight	catach	curly
te	hot	fuar	cold
grianmhar	sunny	scamallach	cloudy
geal	bright	dorcha	dark
fliuch	wet	tirim	dry
glan	clean	salach	dirty
tapa	fast	mall	slow / late
lán	full	folamh	empty
daor	expensive	saor	cheap
deacair	difficult	éasca / simplí	easy / simple
suimiúil	interesting	leadránach	boring
álainn	beautiful	gránna	horrible / bad
go maith	good	go dona	bad
go hiontach	brilliant	go huafásach	awful

Tá an hata **mór**.

an- + h
Tá an hata **an-mhór**.

ró + h
Tá an hata **rómhór**.

Cén sórt...?

Cén sórt lae atá ann?
Lá fuar fliuch
atá ann.

Déan cur síos ar...

Déan cur síos ar an mbean.
Tá gruaig fhada chatach uirthi.
Tá gúna fada dearg uirthi agus scaif álainn.

Mar chabhair duit

Ceisteanna

Cathain? Cén t-am?
When? What time?

Cathain a bhíonn Lá 'le Pádraig ann? Bíonn sé ann i **mí an Mhárta**.

Cén t-am a thosóidh an chóisir? Tosóidh sí **ar a trí a chlog**.

Cá? Cár?
Where?

Cá bhfuil mo chóta? Tá do chóta **faoin staighre**.

Cár bhuail tú le Mamaí? Bhuail mé le Mamaí **sa siopa**.

Cad? Céard?
What?

Cad is ainm duit? **Seán** is ainm dom.

Cad tá sa seomra suite? Tá **teilifís** agus **Xbox** sa seomra suite.

Cé?
Who?

Cé hé seo? Seo é **mo dheartháir, Oisín**.

Cé atá as láthair inniu? Tá **Sinéad** as láthair inniu.

Cén?
What?

Cén sórt aimsire a bhí ann inné? Bhí sé **grianmhar** inné.

Cén dath atá ar do shúile? Tá súile **gorma** agam.

Cé mhéad?
How much / many?

Cé mhéad duine atá i do theaghlach? Tá **ceathrar** i mo theaghlach.

Cé mhéad liathróid atá sa halla spóirt? Tá **deich** liathróid ann.

Conas? Cén chaoi?
How?

Conas a rinne tú na pancóga? **Mheasc mé** plúr, bainne agus uibheacha le chéile.

Cén chaoi a bhfuil tú? **Nílim go maith**. Tá pian i mo bholg.

Cén fáth?
Why?

Cén fáth a raibh áthas ar Sheán? Bhí áthas air **mar bhuaigh sé an cluiche**.

Cén fáth a raibh t-léine Oisín salach? Bhí sé salach **mar thit Oisín sa ghairdín**.

Mionfhocail

agus	and	ar deireadh	finally / in the end
ach	but	faoi dheireadh	eventually
mar	because	tar éis tamaill	after a while
nuair a	when	go tobann	suddenly
ar dtús	first / first of all	freisin	also / too
ansin	then	go minic	often
tar éis sin / ina dhiaidh sin	after that	uaireanta	sometimes

An séimhiú agus an t-urú

Seo é mo Dhaidí.   Bhí gúna deas ar Mhamaí.   D'ól sé dhá chupán tae.

b	mb	Tá cáca ar an mbord.
c	gc	Tá Lóla faoin gcarr.
d	nd	Seo é ár ndeartháir, Liam.
f	bhf	Tá dallóg ar an bhfuinneog.
g	ng	Chonaic mé éan ar an ngeata.
p	bp	Chuir Mamaí an dinnéar ar an bpláta.
t	dt	Seo iad Síofra agus Seán, seo é a dteach.

An t-alt

cáca	a cake
an cáca	the cake
an cáca seo	this cake
an cáca sin	that cake

fuinneog	a window
an fhuinneog	the window
an fhuinneog seo	this window
an fhuinneog sin	that window

179

Mar chabhair duit

Na forainmneacha pearsanta

	mé	mo + h		sinn	ár + urú
	tú	do + h		sibh	bhur
	sé	a + h		siad	a + urú
	sí	a			

Na réamhfhocail

ar / ar an	on / on the	as / as an	out of / out of the
faoi / faoin	under / under the	timpeall / timpeall an	around / around the
in aice le / in aice leis an	beside / beside the	trasna / trasna an	across / across the
i / sa(n)	in / in the	thar / thar an	over / over the
ag / ag an	at / at the	ag / ag an	at / at the
le / leis an	with / with the	go dtí / go dtí an	to / to the
de / den	off / off the		

Na forainmneacha réamhfhoclacha

	ag	ar	le	do	de
mé	agam	orm	liom	dom	díom
tú	agat	ort	leat	duit	díot
sé	aige	air	leis	dó	de
sí	aici	uirthi	léi	di	di

An t-ainm briathartha

ag siúl	walking	ag déanamh	doing / making
ag rith	running	ag súgradh / spraoi	playing
ag léim	jumping	ag imirt (peile)	playing (football)
ag suí	sitting	ag iascaireacht	fishing
ag dul	going	ag snámh	swimming
ag caint	talking	ag rothaíocht	cycling
ag insint	telling	ag scátáil	skating
ag glaoch	calling	ag luascadh	swinging
ag gáire	laughing	ag sleamhnú	sliding
ag caoineadh	crying	ag canadh	singing
ag ithe	eating	ag seinm ceoil	playing music
ag ól	drinking	ag damhsa / ag rince	dancing
ag féachaint	watching	ag tarraingt	drawing
ag éisteacht	listening	ag péinteáil	painting
ag léamh	reading	ag traenáil	training
ag scríobh	writing	ag siopadóireacht	shopping
ag obair	working	ag ceannach	buying
ag glanadh	cleaning	ag cuardach / lorg	searching
ag bailiú	collecting	ag roghnú	choosing
ag ullmhú	preparing	ag ordú	ordering
ag cócaráil	cooking	ag cabhrú	helping
ag fanacht	waiting	ag caitheamh	spending / wearing / throwing
ag teacht	coming	ag cur báistí	raining
ag oscailt	opening	ag stealladh báistí	pouring (rain)
ag dúnadh	closing	ag cur sneachta	snowing
ag troid	fighting	ag taitneamh	shining (sun)
ag titim	falling	ag spalpadh anuas	beating down (sun)
ag cur fola	bleeding	ag séideadh	blowing

Mar chabhair duit

Na briathra rialta

An chéad réimniú		AC	AL
bris	break	Bhris mé.	Brisim.
caith	throw / wear / spend	Chaith mé.	Caithim.
cuir	put	Chuir mé.	Cuirim.
dún	close	Dhún mé.	Dúnaim.
éist	listen	D'éist mé.	Éistim.
fág	leave	D'fhág mé.	Fágaim.
fan	wait	D'fhan mé.	Fainim.
féach	look	D'fhéach mé.	Féachaim.
glan	clean	Ghlan mé.	Glanaim.
ól	drink	D'ól mé.	Ólaim.
rith	run	Rith mé.	Rithim.
scríobh	write	Scríobh mé.	Scríobhaim.
seas	stand	Sheas mé.	Seasaim.
suigh	sit	Shuigh mé.	Suím.

An dara réimniú		AC	AL
bailigh	collect / gather	Bhailigh mé.	Bailím.
cabhraigh	help	Chabhraigh mé.	Cabhraím.
ceannaigh	buy	Cheannaigh mé.	Ceannaím.
dúisigh	wake	Dhúisigh mé.	Dúisím.
éirigh	get up	D'éirigh mé.	Éirím.
gortaigh	hurt	Ghortaigh mé.	Gortaím.
tosaigh	start	Thosaigh mé.	Tosaím.
ullmhaigh	prepare	D'ullmhaigh mé.	Ullmhaím.

ceangail	connect	Cheangail mé.	Ceanglaím.
imir	play	D'imir mé.	Imrím.
inis	tell	D'inis mé.	Insím.
oscail	open	D'oscail mé.	Osclaím.
taitin (le)	like	Thaitin ___ liom.	Taitníonn ___ liom.

Na briathra neamhrialta: Aimsir Chaite

Abair
Dúirt mé
Dúirt tú
Dúirt sé
Dúirt sí

An ndúirt?
Ní dúirt.

Beir
Rug mé
Rug tú
Rug sé
Rug sí

Ar rug?
Níor rug.

Bí
Bhí mé
Bhí tú
Bhí sé
Bhí sí

An raibh?
Ní raibh.

Clois
Chuala mé
Chuala tú
Chuala sé
Chuala sí

Ar chuala?
Níor chuala.

Déan
Rinne mé
Rinne tú
Rinne sé
Rinne sí

An ndearna?
Ní dhearna.

Faigh
Fuair mé
Fuair tú
Fuair sé
Fuair sí

An bhfuair?
Ní bhfuair.

Feic
Chonaic mé
Chonaic tú
Chonaic sé
Chonaic sí

An bhfaca?
Ní fhaca.

Ith
D'ith mé
D'ith tú
D'ith sé
D'ith sí

Ar ith?
Níor ith.

Tabhair
Thug mé
Thug tú
Thug sé
Thug sí

Ar thug?
Níor thug.

Tar
Tháinig mé
Tháinig tú
Tháinig sé
Tháinig sí

Ar tháinig?
Níor tháinig.

Téigh
Chuaigh mé
Chuaigh tú
Chuaigh sé
Chuaigh sí

An ndeachaigh?
Ní dheachaigh.

Mar chabhair duit

Na braithra neamhrialta: Aimsir Láithreach

Abair
Deirim
Deir tú
Deir sé
Deir sí

An ndeir?
Ní deir.

Beir
Beirim
Beireann tú
Beireann sé
Beireann sí

An mbeireann?
Ní bheireann

Bí
Bím
Bíonn tú
Bíonn sé
Bíonn sí

An mbíonn?
Ní bhíonn.

Clois
Cloisim
Cloiseann tú
Cloiseann sé
Cloiseann sí

An gcloiseann?
Ní chloiseann.

Déan
Déanaim
Déanann tú
Déanann sé
Déanann sí

An ndéanann?
Ní dhéanann.

Faigh
Faighim
Faigheann tú
Faigheann sé
Faigheann sí

An bhfaigheann?
Ní fhaigheann.

Feic
Feicim
Feiceann tú
Feiceann sé
Feiceann sí

An bhfeiceann?
Ní fheiceann.

Ith
Ithim
Itheann tú
Itheann sé
Itheann sí

An itheann?
Ní itheann.

Tabhair
Tugaim
Tugann tú
Tugann sé
Tugann sí

An dtugann?
Ní thugann.

Tar
Tagaim
Tagann tú
Tagann sé
Tagann sí

An dtagann?
Ní thagann.

Téigh
Téim
Téann tú
Téann sé
Téann sí

An dtéann?
Ní théann.